武志红主编

可以让你变得更好的心理学书

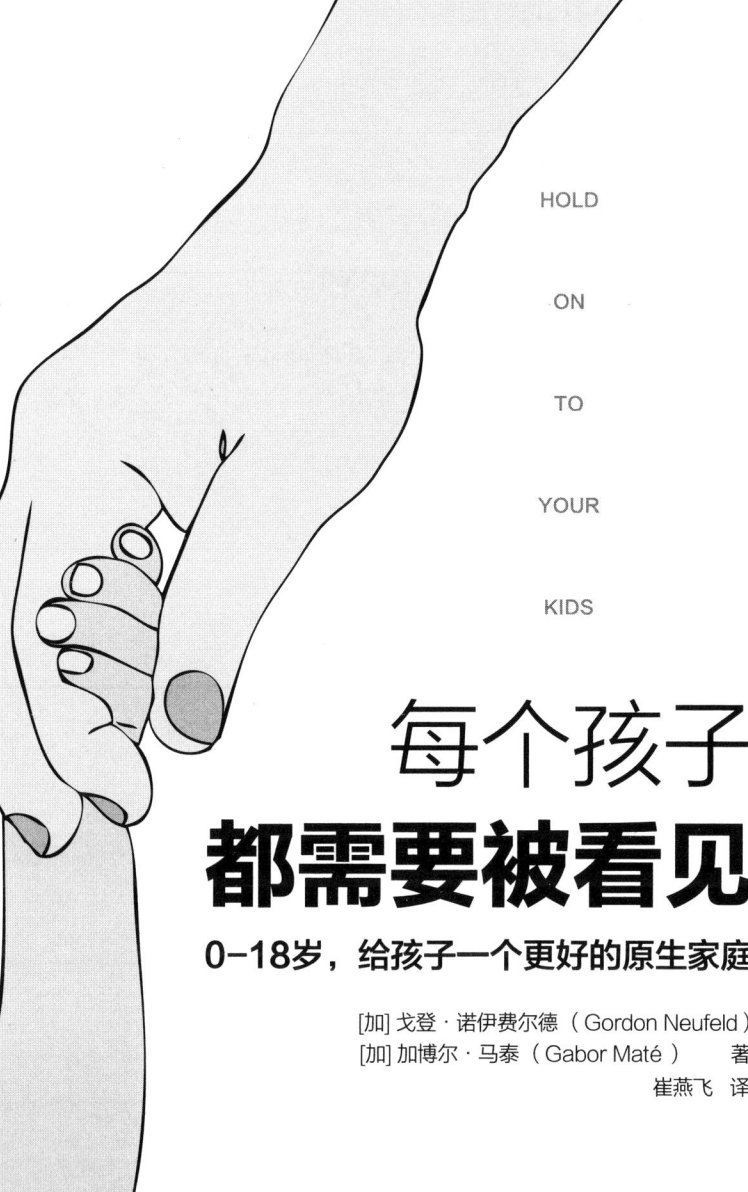

HOLD
ON
TO
YOUR
KIDS

每个孩子
都需要被看见

0-18岁，给孩子一个更好的原生家庭

[加] 戈登·诺伊费尔德（Gordon Neufeld）
[加] 加博尔·马泰（Gabor Maté） 著
崔燕飞 译

北京联合出版公司
Beijing United Publishing Co.,Ltd.

图书在版编目（CIP）数据

每个孩子都需要被看见 /（加）戈登·诺伊费尔德,（加）加博尔·马泰著；武志红主编；崔燕飞译. -- 北京：北京联合出版公司, 2019.6（2023.5重印）
（可以让你变得更好的心理学书）
ISBN 978-7-5596-2713-1

Ⅰ.①每… Ⅱ.①戈… ②加… ③武… ④崔… Ⅲ.①儿童教育—家庭教育 Ⅳ.①G782

中国版本图书馆CIP数据核字(2018)第234084号

Hold on to Your Kids: Why Parents Need to Matter More than Peers
Copyright © 2004 by Gordon Neufeld and Gabor Maté . Postscript copyright © 2013 by Gordon Neufeld and Gabor Maté
Published by arrangement with Knopf Canada.

北京市版权局著作权登记号：图字01-2018-7279号

每个孩子都需要被看见
Hold on to Your Kids: Why Parents Need to Matter More than Peers

著　　者：［加］戈登·诺伊费尔德　［加］加博尔·马泰
主　　编：武志红
译　　者：崔燕飞
责任编辑：龚　将　夏应鹏
选题策划：尧俊芳
封面设计：仙境设计
装帧设计：季　群　涂依一

北京联合出版公司出版
（北京市西城区德外大街83号楼9层　100088）
北京联合天畅文化传播公司发行
北京中科印刷有限公司印刷　新华书店经销
字数200千字　640毫米×960毫米　1/16　19.5印张
2019年6月第1版　2023年5月第11次印刷
ISBN 978-7-5596-2713-1
定价：42.00元

版权所有，侵权必究
未经许可，不得以任何方式复制或抄袭本书部分或全部内容
本书若有质量问题，请与本公司图书销售中心联系调换。电话：（010）64258472-800

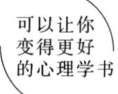

| 总序

一本好书，一个灯塔

| 武志红 |

今年，我 44 岁，出版了十几本书，写的文章字数近 400 万字。并且，作为一名心理学专业人士，我也形成了对人性的一个系统认识。

我还可以夸口的是，我跳入过潜意识的深渊，又安然返回。

在跳入的过程中，我体验到"你注视着深渊，深渊也注视着你"这句话中的危险之意。

同时，这个过程中，我也体验到，当彻底松手，坦然坠入深渊后，那是一个何等美妙的过程。

当然，最美妙的，是深渊最深处藏着的存在之美。

虽然拥有了这样一些精神财富，但我也知道苏格拉底说的"无知"之意，我并不敢说我掌握了真理。

我还是美国催眠大师米尔顿·艾瑞克森的徒孙，我的催眠老师，是艾瑞克森最得意的弟子斯蒂芬·吉利根，我知道，艾瑞克森做催眠治疗时从来都抱有一个基本态度——"我不知道"。

只有由衷地带着这个前提,催眠师才能将被催眠者带入到潜意识深处。

所以我也会告诫自己说,不管你形成了什么样的关于人性的认识体系,都不要固着在那里。

不过,同时我也不谦虚地说,我觉得我的确形成了一些很有层次的认识,关于人性,关于人是怎么一回事。

然后,再回头看自己过去的人生时,我知道,我在太长的时间里,都是在迷路中,甚至都不叫迷路,而应该说是懵懂,即,根本不知道人性是怎么回事,自己是怎么回事,简直像瞎子一样,在悬崖边走路。

我特别喜欢的一张图片是,一位健硕的裸男,手里拿着一盏灯在前行,可一个天使用双手蒙上了他的眼睛。

对此,我的理解是,很多时候,当我们觉得"真理之灯"在手,自信满满地前行时,很可能,我们的眼睛是瞎的,你走的路,也是错的。

在北京大学读本科时,曾对一个哥们儿说,如果中国人都是我们这种素质,那这个国家会大有希望。现在想起这句话觉得汗颜,因为如果大家都是我的那种心智水平,肯定是整个社会一团糟。

这种自恋,就是那个蒙上裸男眼睛的天使吧。

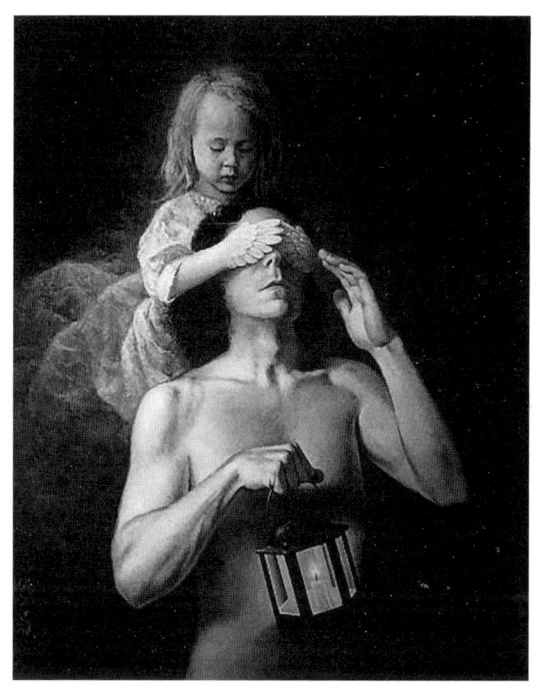

© 2006 Steven Kenny

所幸的是,这个世界上有各种各样的好书,它们打开了我的智慧之眼。

一直以来,对我影响最重要的一本书,是马丁·布伯的《我与你》。

我现在还记得,我是在北大图书馆借书时,翻那些有借书卡的木柜子,很偶然地看到了这个书名《我与你》,莫名地被触动,于是借阅了这本书。

这对我应该是个里程碑的事件,所以记忆深刻,打开这个柜子抽屉的情形和感觉，现在还非常清晰，好像就发生在昨天。

这一本书对我触动极大，胜过我在北大心理学系读的许多课程，我当时很喜欢做读书笔记，而且当时没有电脑，都是写在纸质的笔记本上。我写了满满的一本子读书笔记，可一次拿这个本子占座，弄丢了，当时心疼得不得了。

不过，本子虽然丢了，但智慧和灵性的种子却种在了我心里，后来，每当我感觉自己身处心灵的迷宫时，我都会想起这本书的内容，它就像灯塔一样，指引着我，让我不容易迷路。

那些真正的好书，就该有这一功能。

在《广州日报》写心理专栏时，我开辟了一个栏目"每周一书"，尽可能做到每周推荐一本心理学书，专栏后来有了一定的影响力，常有读者说，看到你推荐一本书，得赶紧在网上下单，要是几天后再下单，就买不到了。

特别是《我与你》这本书，本来是很艰涩的哲学书，也因为我一再推荐，而一再买断货，相当长时间里，一书难求。

现在，我和正清远流文化公司的涂道坤先生一起来策划一套书，希望这套书，都能有灯塔的这种感觉。

我和涂先生结缘于多年前，那时候涂先生刚引进了斯科特·派克的《少有人走的路》。很多读者在读完后，都说这是一本让人振聋发聩的好书，然而在当时，知道它的人很少。我在专栏上极力推荐这本书，随即销量渐渐好了起来，成为了至今为人称道的畅销书。然而，那时我和涂先生并不认识，直到去年我们才见面相识，发现很多理念十分契合，说起这件往事，也更觉得有缘，于是便有了一起策划丛书的念头。

我们策划的这套丛书，以心理学的书籍为主，都是严肃读物，但它们都有一个共同点：作为普通读者，只要你用心去读，基本都能读懂。

并且，读懂这些书，会有一个效果：你的心性会变得越来越好。

同时，这些书还有一个共同点：它们都不会说，要束缚你自己，不要放纵你的欲望，不要自私，而要成为一个利他、对社会有用的人……

假如一本书总是在强调这些，那它很可能会将你引入更深的迷宫。

我们选的这些书，都对你这个人具有无上的尊重。

因为，你是最宝贵的。

我特别喜欢现代舞创始人玛莎·格雷厄姆的一段话：

有股活力、生命力、能量由你而实现，从古至今只有一个你，这份表达独一无二。如果你卡住了，它便失去了，再也无法以其他方式存在。世界会失掉它。它有多好或与他人比起来如何，与你无关。保持通道开放才是你的事。

每个人都在保护自己的主体感，并试着在用各种各样的方式，活出自己的主体感。只有当确保这个基础时，一个人才愿意敞开自己，否则，一个人就会关闭自己。

人性的迷宫，人生的迷途，都和以上这一条规律有关，而一本好书，一本好的心理学书籍，会在各种程度上持有以上这条规律，视其为基本原则。

可以说，我们选择的这些书，都不会让你失去自己。

一本这样的好书，都建立在一个前提之上——这本书的作者，他在相当程度上活出了自己，当做到这一点后，他的写作，就算再严肃，都不会是教科书一般的枯燥无味。

这样的作者，他的文字中，会有感觉之水流，会有电闪雷鸣，会有清风和青草的香味……

总之，这是他们真正用心写出的文字。

每一个活出了自己的人，都是尚走在迷宫中的我们的榜样，而书是一种可以穿越时间和空间的东西，我们可以借由一本好书，和一位作者对话，而那些你喜欢的作者，他们的文字会进入你心中，照亮你自己，甚至成为你的灯塔。

愿我们的这套丛书，能起到这样的作用：

帮助你更好地成为自己，而不是教你成为更好的自己，因为你的真我，本质上就是最好的。

| 推荐序

有回应，就有了光；无回应，即绝境

| 武志红 |

我发明过一个小练习，方法非常简单：安静，闭上眼睛，花5分钟感受身体。足够放松后，想象一个婴儿在你身边，他会在哪个位置？他是什么样子？什么神情？看着他，他会和你构建一个什么样的关系？他，便是你内在的婴儿。

有一位女士做练习时，看见的是一个死婴，稍微碰触婴儿的身体，就能感到刺骨冰冷。我引导她进入婴儿身体进行感受，她感受到的是非常强烈的绝望和仇恨，这让她十分困惑："我为什么会看见这么恐怖的情景？"

后来，她从母亲那里了解到，在她的婴儿期，家里很穷，爸爸经常不在家，母亲工作非常辛苦，身边也没人帮忙。母亲每天上班前，就把女儿放在床上，围一圈被褥，防止她摔下去。没有妈妈在身边，她得不到足够的照料，长时间孤独。即使哭得再用力，妈妈也不会回来，内心总是得不到回应，不被看见，她渐渐绝望了，不再哭闹，变成了一个很乖的孩子。长大后，她变成了一个看上去很好的人，处处把别人的感受放在首位，这让她拥有了很好的人缘。她从未觉得自己有什么问题，可是当她做了妈妈后，问题终于爆发出来，她发现自己非常恐惧和孩子之间的亲密关系。

看见，就是回应

看见，就是回应；回应，就意味着自己被看见了。很多成年人在得不到期望的回应时，情绪尚且会激烈波动，更何况幼小的孩子，他们更是如此。所以，许多客体关系心理学家们都讲到一点：对幼童来说，无回应之地即是绝境。并且，幼童获得回应的数量和质量，将决定他未来的沟通能力。

在亲子关系中，回应，像一缕光照亮了孩子的世界，让孩子感受到了被爱、被理解、被看见。

弗洛伊德的著作《性学三论》中讲到一个故事：一个三岁男孩在一间黑屋子里大叫："阿姨，和我说话！我害怕，这里太黑了。"阿姨回应说："那样做有什么用？你又看不到我。"男孩回答："没关系，有人说话就带来了光。"

没有回应，孩子就好像生活在黑暗之中，什么也看不见；有回应，就有了光，孩子感受到父母的爱与温暖。

写到这儿也想讲一句，如果你活到现在，虽然心中种种痛苦，但如果你知道，自己基本还是一个所谓正常人，拥有正常的心智和人际能力，那么你就需要对父母表达一点感激。因为这必然意味着，父母至少完成了以下功能——不停地回应你，让你被看见，并感觉到他的存在，从此，你和这个世界有了丰富而高质量的互动关系。由此，你会体验到，父母基本是善意且可靠的，你可以坦然地在和父母的关系中，表达各种需求和各种生命动力，并且愿意坦然承认自己是个孩子，不如父母强大。

在关系中，孩子才能被看见

当孩子能与养育者建立基本满意的关系，即使没能得到父母百分之百的回应，孩子也会感到，他的需求父母大体上是可以理解的，他是能被父母看见的。这样的孩子会获得对世界的满足感和安全感。

然而，当孩子无法和养育者建立满意的关系，即便养育者劳心劳力，孩子也全然感觉不到父母的爱，感觉不到自己在关系中被看见。这种情况下，父母的付出全是白费，由此，亲子冲突在所难免，教养也变成了世界上最难的事情。

所以，精神分析有这样一句话：关系就是一切，一切都是为了关系。回应，让关系得以变得柔和并融洽；而关系则是回应的前提。

父母们得知道，自己与孩子的关系，才是根本。相比起来，培养孩子的技能，没有那么重要。特别是，不能在培养孩子技能时，和孩子构建一个非常糟糕的关系，那绝对是舍本逐末。

一个稳定而高质量的依恋关系，对一个人是极大的祝福。如果生命由此开始，那会是非常幸福的。

这件事情，怎么强调都不为过。

父母与孩子构建什么样的关系，这是家庭教育中最根本的东西，而在融洽的关系中不断地回应孩子，也有助于让关系更为融洽。

回应是一件需要技术含量的事，不仅要回应，而且还要及时回应。回应不及时，也影响关系的好坏。通过记录母婴互动的视频发现，婴儿常常会通过挺小肚子，来寻求妈妈的安抚。因为，在子宫里，婴儿是通过脐带与妈妈连在一起的。如果妈妈能看见这一点，及时回应孩子，孩子就会很开心。可如果妈妈忽略了这个信号，婴儿就会有所失望。如果连接多次被忽略，一些婴儿甚至会再也不做这个动作。

正如我在开头提到的那位"看见"死婴的女士，因为幼年长久处于匮乏回应的状态下，就会慢慢放弃对回应的渴望，并在极有限的回应和孤独中形成一个脆弱自我。这个脆弱自我，只有在基本孤独、偶有回应的状态下，才能保持惯性的平衡。

当他们变换身份成为父母时，亲子关系中对于回应的强大需求会瞬间穿透他的自我，唤起他对回应的强烈渴望与恐惧，几乎冲毁他的自我之壳。这样的人，通常会成为孤魂野鬼般的存在。这样的孩子，因为从小安静顺从，长大后很容易跟外人搞好关系，但是回到家却是眉头紧皱，无法从容地面对家庭关系，特别是亲子关系。

这是一个细腻的过程，这本书对此有很细致的论述。即使这些观点未必获得所有人的赞同，但深入地论述这个过程极为重要，它可以给为人父母者提供很多借鉴。

当孩子被看见时，父母也看见了自己

如果父母与孩子总能有精准而及时、甚至是同时的回应，那就成了最迷人的事情。

这样说，可能会让父母感觉到很有压力，但其实，精准回应并没有想的那么难。一个网友讲到她的故事：

儿子和外婆玩，我就去洗脸。他疯得很高兴，突然跑来说："妈妈，妈妈。"我对他说："嗯，妈妈在洗脸。"这时我突然意识到，他是想告诉我他很高兴。我问："你是不是很高兴啊？"他"嗯"了一下自己就跑开了。

很多哲学家表达过这一观点：你存在，所以我存在。放到这个故事中就是，妈妈回应了孩子的感受，孩子的感受在那一刻被确认了，被看见了，于是便存在了。因为妈妈在这一刻是存在的，孩子也有了存在感。

在无回应之绝境下长大的人，是安静而孤独的。他们不向别人发出声音，不求别人回应，也很难回应别人。有一位看上去很安静的女子告诉我，她一直封闭自己，不求别人关心，也不关心别人。关于童年,她最常有的记忆是,妈妈痛苦,她逗妈妈,但妈妈板着脸没做任何回应。而长大后,她也特别恐惧各种关系,尤其是和妈妈的关系,既纠结又矛盾。

准确而及时地回应别人确实重要,不过,比这一点更关键的,是我们首先要意识到:关于互动的人格特征,并非与生俱来,而是在生命早期形成的,它可以改变。

讲到这里,关于我们如何做父母,恐怕你已有了答案——先跟孩子搞好关系,在关系中准确而及时地回应孩子,当孩子被看见时,父母也看见了自己。

目录
CONTENTS

推荐序　有回应，就有了光；无回应，即绝境　　　武志红

第一部分
在关系中，孩子才能被看见

第1章　关系：孩子和父母的心理脐带　　002
行为问题的背后，几乎都是关系问题　　004
角色缺位，导向错位　　006
有利的关系一旦建立，不利的关系就不会再产生了　　008
孩子不说，不代表不需要　　010

第2章　依恋关系，一切社交关系的基础　　013
依恋：关系中的地心引力　　015
孩子需要在关系中找到方向　　017
表面是背叛，内心是冲突　　021
亲近和疏远：一个硬币的正反面　　022

第3章 原生关系、派生关系和替代关系　　028
基地外的安全保护圈：派生关系　　029
情感出"外遇"，关系被替代　　030
建立原生依恋关系的6种形式　　032

第4章 教养，是一种权利关系　　039
天生教养权威的丧失　　041
关系赋予教养权利　　043
一边忽视孩子，一边给孩子贴标签　　045

第5章 依恋，让关系得以归位　　049
父母是父母，孩子是孩子　　050
支撑父母心甘情愿的原动力　　053
让孩子愿意听父母说话　　057
让孩子跟父母更亲近　　058
让父母成为孩子的榜样　　060
让父母成为孩子的引导者　　061
让孩子愿意为了父母努力　　063

第二部分
不被看见的孩子，自我难以健全

第6章 逆反心理　　068
亲子关系减弱，逆反心理增强　　070

目录

逆反心理的双重作用 072
虚假的独立 076
示威和屈服 078
助力还是压力 080

第7章 逃避感受 084

感知不到脆弱，也是一种心理创伤 086
与父母关系疏离的孩子，失去了天生的抗压保护 087
与父母关系疏离的孩子，更容易被同伴伤害 089
与父母关系疏离的孩子，无法表达脆弱 092
同伴关系，本身就是不安全的 094

第8章 超龄儿童的"学龄前综合征" 099

外表成熟得像大人，内心幼稚得像小童 102
成熟：分裂与凝聚的协奏曲 103
人格上要独立，情感上要先依赖 107
孩子看不到父母，父母看不到孩子 112

第9章 沮丧感与攻击性 123

与父母关系越疏离，越容易产生攻击性 126
亲子关系缺失，激发了孩子的攻击性 130

第10章 欺凌问题 … 138

与父母关系越疏离，越容易面临欺凌问题 … 141
得不到安全感的孩子，很容易变成欺凌者 … 144
欺凌，是为了满足依恋的饥渴 … 146
父母的角色越缺位，孩子越容易被伤害 … 148
欺凌，让孩子更不被看见 … 151
坚硬外壳下的脆弱生物 … 153

第11章 扭曲的性意识 … 158

性，依恋饥渴的表现 … 161
性，逃避脆弱的方式 … 162
先关系，后性行为 … 166

第12章 成绩不佳 … 169

依恋关系稳固，孩子才有勇气探索未知世界 … 171
综合能力，不成熟孩子欠缺的特质 … 172
逃避了脆弱，就失去了试错的机会 … 174
依恋，最后的学习动力 … 175
打开学习大门，先赢得孩子的心 … 177

第13章 孩子的社交问题 … 179

害羞到底是不是缺陷 … 179
多跟孩子玩并不能提高社交能力 … 180

孩子更需要依恋而不是朋友 184
同伴无法消除孩子的无聊感 186
和同伴交流无法提升孩子的自尊 189
同伴不能代替兄弟姐妹 191
依恋竞争 193

第三部分
看见孩子，看见自己

第14章　让孩子归巢 200
友好地与孩子拉近关系 202
给孩子一些可以抓住的东西 206
鼓励孩子依赖 211
做孩子的航标 214
让孩子重新归巢 216

第15章　让孩子知道自己被看见 221
无条件接纳孩子的需求 222
先修复关系，再纠正行为 224
不给别人取代自己的机会 227
身体分离，心灵也要保持联系 228
培养别人无法取代的亲密感 230
不要强行亲近孩子 231

第16章　唤醒父母的教养直觉	234
父母更需要"被管教"	235
自然管教的七条原则	239

第四部分
如何在数字时代守护我们的孩子

第17章　扭曲了的数字革命	260
我们需要的是关系，而不是消息	261
孩子为什么会有空洞感	263
数字时代的依恋现象：游戏、网络欺凌和色情内容	269

第18章　拉回迷失在数字时代的孩子	272
数字时代的社交时机	275
为孩子清除数字时代的诱惑	276
先玩满足依恋，再玩电子游戏	278
先做孩子，再认清世界	281
父母是孩子和世界的缓冲器，而不是媒介	283
夺回"迷途的"孩子	285

在关系中，孩子才能被看见

Hold on to Your Kids

第一部分

第1章
关系：孩子和父母的心理脐带

身为父母，应该看见：

- 每个人都不是孤岛，需要被看见，被连接，尤其是孩子。只有被看见，沟通才成为可能。
- 对孩子来说，一句"你们什么也不懂"有着另外一层含义：你们没有看到我在想什么，没有理解我内心的感受。
- 父母和孩子一旦关系出了问题，孩子的行为得不到有效的回应，内心不被看见，就很容易出现对抗和拒绝父母的行为。

已经晚上8点了，12岁的杰里米还在捧着电脑专心和朋友聊天：八卦一下班上谁喜欢谁，谁是哥们儿，谁最讨厌，班上哪个女孩的身材最好。而此时，他的作业还是一片空白，爸爸反复提醒了他好几次，他却似乎没有听到。"别烦我！"他冲爸爸吼道。"如果你在做该做的事，我当然不会来烦你。"爸爸的声音因为生气而有些颤抖。接着，两个人吵了起来，声音越来越大，最后杰里米冲爸爸大喊："你什么也不懂！"就"砰"地关上了门。

爸爸很生气，也很伤心。他生儿子的气，但更多的是生自己的气。"我又搞砸了，都不知道怎么和他沟通。"他和妻子对杰里米都很担心。杰里米小时候很听话，跟他们也很亲密，但现在他说不上两句就会很不耐烦，只愿意和朋友说话。这样的场景每周都要上演好几次，无论杰里米还是他的父母，似乎都没办法缓解这种局面。父母觉得很无助，他们从来不愿惩罚孩子，但现在，却总想举起鞭子。然而，每次惩罚过后，迎来的却是儿子更加激烈的对抗。

上述情况，也是大多数父母所面临的现状。父母发现，小时候跟自己很亲近的孩子，长大后跟自己越来越生疏，自己与孩子之间似乎突然出现一个"第三者"，夺走了孩子的关注，取代了原本亲密的亲子之情。孩子变得与父母无法沟通，也不愿沟通，父母的苦口婆心，还没有同龄人的一句话、一个眼神更有吸引力。在父母看来，这种突如其来的冷落和嫌弃，有种遭遇"外遇"的感觉，伤心失落又不知所措；而对孩子来说，一句"你什么也不懂"则有着另外一层含义：你们没有看到我在想什么，没有理解我内心的感受。

每个人都不是孤岛,需要被看见,被连接,尤其是孩子。只有被看见,沟通才成为可能。

行为问题的背后,几乎都是关系问题

为什么一向亲近的孩子变得如此生疏?答案简单,但却总是被父母忽视:关系问题。父母和孩子一旦关系出了问题,孩子的行为得不到有效的回应,内心不被看见,就很容易出现对抗和拒绝父母的行为。

不管父母多么爱孩子,多有教养技巧,如果亲子关系不够牢固,教养很容易出问题。孩子不会因为父母生养了自己,就自愿服从父母的管教,不会因为父母的这重身份,就自动认可父母拥有管教的权力。想让孩子愿意接受自己的抚育,有一个重要的前提,即:孩子能感受到跟父母之间存在某种关系,而且这种关系是自己认可的。这是一种必不可少的特殊关系,一旦缺失,教养就没有了根基。

人类发展心理学家把教养的根基称为"依恋"关系,这种关系决定了孩子的原生关系。孩子的依恋表现在:相信抚育者,相信他有能力照顾自己,可以与他亲近,建立某种联结。

孩子刚出生时,依恋的动力完全来自身体本能,婴儿紧紧抓住父母不放,想被父母抱着。如果严格遵循自然规律,婴儿的这种依恋会逐渐变为感情上的亲近,最终演化为心理上的亲密。相反,如果缺乏依恋关系,无论是孩子还是父母内心的情感，都难以被对方认可和看见，孩子不接受父母，父母的教养也就无从谈起。

教养的秘诀不是去做什么，而是在孩子心中担当了什么样的角色。这是为人父母者需要时刻谨记的。想让这个角色获得孩子的肯定，父母先要和孩子建立良好的依恋关系。当孩子想跟父母亲近时，父母能看见孩子想亲近的欲望，及时出现，充当安抚者、引导者、榜样、老师和教练。对孩子来说，父母就是他们的家。有了家，他们才有底气去闯荡世界；有了家，在遇到挫折的时候，他们才能有所依靠；有了家，他们才会获得灵感的源泉。世界上任何的教养技巧，都弥补不了依恋关系的缺失。

依恋关系就是孩子与父母之间的心理脐带，这种关系如果不被看见，所有的爱都无法有效地传达。在孩子真正成熟独立前，只要他们需要，父母就有义务维系心理脐带。依恋关系是看见的前提，只有在依恋中，孩子才会被看见。

不过，这种关系维系起来并不简单，毕竟世界上不是只存在父母和孩子这一种关系。亲子关系不仅会受到各种干扰，还会遭到其他关系的破坏。孩子有可能会对其他人产生依恋，影响亲子关系，进而损害原生关系。可以说，之所以会出现孩子不好管、父母教不好，不是因为父母缺乏爱和教养技巧，而是父母忽略了最重要的一点——关系。

角色缺位，导向错位

在这个世界上，除了父母外，孩子也会依恋其他人，比如祖父母、同伴。这类感情会与亲子间的情感形成竞争，削弱父母的权威，淡化父母的爱，其中最主要也是最具破坏力的，就是越来越亲密的同伴关系。

当孩子感觉父母无法主导自己时，而自己对依恋的需求并没有消失，就会自动依赖其他关系，不再相信父母。他们不再把父母、老师或其他成年人视为导师或榜样，而是转向了并不具备教养能力的群体——同伴。他们不再向成年人"取经"，却从不成熟的同龄人那里接受"教育"，而自己都不成熟的人，必然无法"教育"出成熟的孩子。一旦孩子与同伴在彼此的"教育"中长大，会更不愿听从父母的教养，变成管不住、教不会、长不大的孩子。

有个术语最适合描述这种现象，那就是"同伴导向"。同伴导向，会削弱父母的权威，让父母不得不依据各种手册、专家建议及社会期望来教养孩子。这也是我们一定要重视亲子依恋的重要原因。

究竟什么是同伴导向？

让我们先从导向说起。导向，是一种帮助人们明确方向、熟悉环境的动力，是人类的原始本能和需求。与导向相反的是失去方向，会带来困惑迷茫的心理体验。在这种体验下，人的情感和目标混乱交错，如同乱麻。

　　当失去方向时，人类会和所有生物一样，急切地从其他生物身上寻找提示，以便为自己确定方向。我们的孩子，也具备这样的定向本能。孩子们定向的过程，酷似于磁针会自动转向北极，孩子们也会转向一个集权威、联结和温暖于一体的力量源头。在成长过程中，孩子是无法忍受没有标杆人物的，他们无法忍受"导向缺失"，因为这会让他们自己迷失方向。父母及任何扮演父母角色的成年人，都是大自然为孩子专门打造的定向"磁极"。父母角色的缺位，会让孩子感觉到自己的内心再也无法被人看到和理解，因此一旦有同伴进入自己的内心，很容易产生依恋同伴的念头。在关系中，被看见是人类很深的一个心理需求，很多人只有在被看见的时候，才感受到存在感。

　　人类这种的定向本能，和小鸭子的印刻本能非常相似。刚破壳而出的小鸭子，会立刻把鸭妈妈当作印刻的对象——它们跟在鸭妈妈的身后到处跑，留意妈妈的行为和移动轨迹，直到自己变成一只大鸭子。不过，当鸭妈妈不在身边的时候，小鸭子的印刻本能依然发挥着作用，只是目标会变成离自己最近的、能移动的事物——一个人、一只狗，甚至是一个玩具。但毋庸置疑的是，小鸭子要想顺利长大，无论是人、狗还是玩具，其作用肯定无法和鸭妈妈相提并论。

　　在孩子长大成人的过程中，如果没有成年人的引导，他们也会朝离自己最近的人寻求定向，接受对方的教育和引导。但需要注意的是，孩子是不能同时向成年人和其他孩子寻求定向的，因为他们的大脑接受不了两个相互矛盾的指示，所以，他们会自动在父母和同伴中进行选择，决定接受哪一方的价值观、引导和文化。身为父母，只有和孩子构建了原生依恋关系，才能承担起引导孩子定向的责任。

如此说来，孩子是不是不该交往同龄朋友，也不能和其他孩子建立良好关系呢？当然不是。正相反，孩子和同伴建立关系不仅十分正常，还会对孩子产生积极的影响。孩子如果能生活在一个以成年人为导向的氛围中，更成熟的一代人（也就是成年人）能发挥主导作用，那么，孩子之间的互相依赖，不仅不会让孩子丧失自己的方向，更不会导致孩子拒绝父母的引导。

但问题在于，很多父母和孩子间的原生关系本身就没建立好，于是，同伴感情才开始取代亲子感情，同伴成为孩子的主导。而原本很正常的同伴关系，也随着孩子们成为彼此成长的主导，而变得不正常了。

有利的关系一旦建立，不利的关系就不会再产生了

两个女儿一进入青春期，就开始围着朋友转，模仿朋友的举止，听从朋友的话，连观点都要和朋友保持一致。我觉得很挫败，我们夫妻俩一直名正言顺拥有的父母权威，好像突然间就消失了。我不是反对孩子们相处，但其他孩子的地位一旦取代父母的地位，就很危险了。

当孩子到了一定时期（尤其是青春期），跟同伴亲近是件再正常不过的事了。然而，这不代表亲子关系就要退居二线，给同伴关系让位。在孩子仍然需要父母管教的时候，如果亲子关系的主导地位被其他关系替代了，孩子的发展就会受到很大影响。事实上，在孩子未成年之前，都是需要父母引导的，只是这种需求孩子不会直接说出来，父母只能凭借自己的养育知识和为人父母的本能去捕捉。

日益严重的同伴导向，会导致孩子在成长中问题频发。一个典型的例子就是，孩子的自杀率呈现出了惊人递增。在这个问题上，我曾和很多人类发展专家犯过同样的错误，以为孩子自杀的最大诱因是被父母拒绝或忽视，但事实并非如此。因为工作的关系，我曾经和未成年罪犯接触过一段时间，当时我工作中的一项重要内容，就是调查那些自杀或自杀未遂的孩子的心理动机。令人震惊的是，绝大多数孩子自杀并不是因为父母，而是因为受不了同伴对待自己的方式。孩子受同伴的影响越大，当他遭遇同伴的冷漠、排斥和孤立时，受到的伤害也就越大。这种现象在青少年群体中最为明显，但在小学二三年级就已经显示出一些症状，而最初的预兆，甚至可以追溯到幼儿园之前。或许这也能从另一个角度提示我们，父母一旦忽视与孩子的关系，孩子不仅会失去方向，而且会出现很多社会问题。

几乎所有研究都表明：父母才是最重要的。

卡尔·荣格说过:"亲子关系对孩子的影响最大,亲子关系一旦有所缺失,会对孩子的性格造成最为严重的创伤。"英国杰出的儿童精神病学家唐纳德·温尼科特则表示:"有利的关系一旦建立,不利的关系也就不会再产生了。"什么是有利的关系?有利的关系必须具备:无条件的爱与接纳,一方对另一方有着养育的欲望,有为对方拼尽全力的能力,有为对方的成长牺牲一切的意愿。以上这些,都是同伴关系做不到的,亲子关系却可以实现。

但如果有利的关系没能建立起来,反而是同伴取代父母成为了孩子心目中最重要的人,那么同伴关系就会主导孩子的其他关系。

威胁亲子关系的并不是同伴导向,而是本已脆弱不堪的亲子关系在遇到同伴关系时变得更居于次要地位,甚至被忽视。

亲子关系中的父母尽管并非完美,但他们更像是"圣人",没有这样的"圣人",对很多孩子而言意味着灾难。

孩子不说,不代表不需要

"我们不是应该放手吗?"很多家长都会这样问,"难道不该尽早让孩子独立吗?"

放手与独立,并不是矛盾的。孩子当然需要独立,但独立需要有两个前提:要在父母的教养任务完成之后;而且,独立的目标是让孩子做自己。

孩子为了迎合同伴不成熟的期望，会选择脱离父母，但这绝不是真正的独立，更不是真正的自尊自爱。同伴导向对亲子间依恋的削弱，和对自然责任关系的瓦解，会阻碍孩子的健康成长。

现在的孩子，看上去都很知道自己想要什么，但如果我们真以为他们对自己的需求心知肚明，无疑是件危险的事。孩子内心的很多需求，其实恐怕孩子自己都不知道。所以，往往需要睿智的成年人主动发现，主动满足。受同伴导向影响的孩子，因为跟同伴待在一起要比跟家人更自在，所以会选择和同伴步调一致，并因此显得独立。然而，这些孩子并不真正懂得自己需要什么。这时，父母如果一味按照孩子的喜好进行教养，孩子很可能变成被频繁劝退的职场废柴。对孩子的教养，父母必须充当主导，必须负责满足孩子的依恋需求。

我们无法改变整个社会环境，无法左右文化和经济的趋势，但我们却可以在家庭或学校中承担起自己的责任，避免父母的责任过早被替代。要将孩子引向真正的独立和成熟，父母和其他抚育者的作用，比以往任何时候都要重要。

而今，教养和教育都面临着同一个难题——培养关系，但这也正是解决难题的关键。当父母把教养建立在"和孩子培养稳定、安全的关系"上，就可以自然而然地依靠直觉来教养孩子，而不用求助别人的技巧或手册。其实，父母只要知道了怎样和孩子相处，知道自己该在孩子心中扮演什么角色，根本不需要那么多的指导建议，理解力和同理心就会引导父母做出正确的行为。而父母一旦修复了和孩子的关系，便能轻松从以往的经验中发现有效的方法。

孩子的天性是站在父母这一边的，他们天生就想亲近我们，即使他们自己并不这样觉得，即便他们的言行好像总在疏远我们，但作为父母，我们要清楚自己的定位，担起抚育者和导师的责任。

很多时候，孩子不说，并不代表他们不需要我们。所以身为父母，我们要做一个灵敏的捕捉者，不仅要看到孩子说出来的需求，还要学会去理解孩子内心的真实需求。

第2章
依恋关系，一切社交关系的基础

身为父母，应该看见：

- 你要处理的不是一个行为问题，而是一段关系问题。
- 依恋关系是一切社交关系运转的基础，忽视这一定律，会让各类关系都陷入困境。即使是家庭，一旦缺少依恋关系，也不能称之为家。

辛西娅14岁了，父母感觉越来越不懂自己的女儿。从去年开始，辛西娅变得粗鲁无礼，做事遮遮掩掩，有时还很抵触父母。她特别在意自己的隐私，不许父母过问自己的事，哪怕父母和她说话，她都觉得是在干涉自己的生活。辛西娅不愿意和家人相处，连一起吃饭都烦躁不已，总是找各种借口离开饭桌。母女俩唯一的交集，就是一起逛街买衣服。辛西娅的父母觉得，那个他们原本十分了解的女儿，现在变得十分陌生。和父母在一起的时候，辛西娅总是面无表情，而和朋友在一起时她却非常兴奋。

在爸爸看来，辛西娅种种让人担心的表现，纯粹是阶段性的。他试了惩罚、禁足、关禁闭等方法，但最终都失败了，辛西娅反而变本加厉。而妈妈更是觉得自己被女儿牵着鼻子走，心力交瘁。辛西娅的父母既困惑又担忧：青春期的孩子都这么叛逆吗？是因为荷尔蒙失调吗？是要予以重视，还是听之任之？

看似行为问题，其实是关系问题。孩子的"反常行为"，透过关系，我们会看见其实"很正常"。我们不妨想象一下成年人世界中的类似场景。有一天，你发现你的另一半突然行为古怪，比如：不愿直视你的眼睛，总是不耐烦地用一两个字回答你的问题，不愿让你靠近，拒绝和你有身体接触，甚至不想跟你待在一个房间里。这个时候，如果你去找朋友拿主意，他们必然不会问你"你试过关禁闭了吗""你说清楚你的规矩了吗"。道理很简单，在成年人的正常交流中，首先想到的是：你要处理的不是一个行为问题，而是一段关系问题。如果你的另一半有了上述异样，你最先怀疑的必然是：他／她可能有了外遇。

在成人世界里一清二楚的问题，在亲子关系中，却让人一头雾水。辛西娅的问题，其实和成年人的外遇很相似，她将自己的全部心思都放在同伴身上，和同伴过于亲密，以至于威胁到了自己与家人的关系。这让她看起来就像有了"外遇",而这场"外遇"让父母体会到了沮丧、受伤、排斥和背叛。

人类会和很多事物产生依恋关系,比如工作、家庭、朋友、某项运动、某种文化、宗教等,但人类却不能允许这些关系出现竞争。婚姻中,每当有其他关系威胁到夫妻关系时,势必会有一方怀疑配偶出了问题,且十有八九会指向外遇。即使不是真的有了婚外恋人,比如一个男人因为沉迷网络而疏远妻子,也会让妻子非常嫉妒,有种被抛弃的感觉。

同样的道理也适用于孩子,当同伴关系和亲子关系产生竞争时,孩子就陷入了某种"情感外遇"。这种"外遇关系"虽然也挺美好,但一旦替代了原生关系,就会带来灾难性的后果。

依恋:关系中的地心引力

围绕依恋说了那么多,究竟什么是依恋呢?简单说,依恋是种引力,它吸引着两个个体互相靠近,并彼此吸附。

人与人的依恋,是指一个人在身体、行为、情感和心理方面,想与某个特定的人保持长久的亲近和联系。这种引力很像地心引力,肉眼看不见,但却维系着我们的生存。依恋关系是一切社交关系运转的基础,忽视这一定律,会让各类关系都陷入困境。即使是家庭,一旦缺少依恋关系,也不能称为家。

无论我们能否感受到这种引力,我们都会成为依恋关系中的一分子。正常情况下，我们不必去刻意关注它，只要安心地享受这种引力就可以：就像地心引力让我们停留在地面上一样，像行星会在各自轨道上运行一样，像指南针指向地磁北极一样，我们无须剖析依恋，甚至不用知道依恋会带来什么样的良性循环。我们在使用电脑和汽车的时候，是不需要弄清楚电脑的运作原理再去使用的，也无须先了解发动引擎的原理才去开车。只有电脑和汽车出现了故障的时候，我们才想去了解它的工作原理。

孩子天生会想和父母亲近，主要靠的就是依恋。只要依恋能正常发挥作用，父母就能凭本能完成教养子女的使命。但当依恋出现了问题，父母的本能就会失灵。幸运的是，通过有意识地去理解依恋，人类是可以修复本能的。而这里所说的理解，可不是停留在表面上的，必须深入掌握它的"工作原理"，想实现这一点，需要人们将这两件事同时进行了解并亲密地体验，真正用心去感受。

依恋是人类生存的核心要素，但同时它又游离于人类的意识之外。从这点来说，依恋倒很像人的大脑：皮层越深的地方，属于意识的东西越少。人类喜欢自称是有智慧的生物，比如给自己的物种取名叫智人，也就是"无所不知的人"。然而，人类大脑思考所用的区域，只是很浅的表层，大部分区域正忙着为依恋提供心理动力。这个区域被巧妙地称为"依恋脑"，是潜意识情感和本能的聚集地。很多生物脑中都有这样的区域，但是只有人类能意识到依恋的存在。

对成年人来讲，依恋是心理发育过程中最重要的一个因素。对孩子来说，依恋则是不可缺少的生存要素，因为孩子无法独立生活，必须依附成年人。就像胎儿在出生前必须依附子宫一样，用脐带与母亲建立起身体上的依恋，孩子在能够独立行走、独立思考、独立决断之前，都必须在情感上依附父母。

孩子需要在关系中找到方向

人类很少注意到自己确定方向的本能，但这却是人类最基本的一种天性。这种本能最具体的表现，就是人会在时空中寻找方向。

当找不到方向时，我们会非常焦虑。当醒来不知自己身在何方，或分不清梦境还是现实的时候，我们迫切需要确定自己的位置。当外出迷路时，我们没有心思停下来看沿途的风景，不会坐下来反思自己的人生目标，更不会琢磨晚饭吃什么，而是会赶紧去寻找方向。寻找方向不仅需要全神贯注，还会消耗我们体内的大部分能量。

这种确定方向的需求，不仅存在于生理层面，也表现在孩子的个人发展上。孩子越是长大，确实会有确定方向的需求。他们需要弄清楚自己是谁、什么是真的、事情为什么会发生、什么是好的、每件事意味着什么，诸如此类。一旦迷失方向，孩子就会感到痛苦，虽然大脑也会想尽方法来避免这种状态，但迷茫却是难以抑制的。与成年人不同的是，孩子是绝对无法靠自己确定方向的，他们需要成年人的帮助。这种本能需求，只有被看见，孩子才会有满足感和存在感。

而依恋正好能为孩子提供这种帮助。依恋的首要作用，就是让孩子从依恋对象的身上找到类似航标的标志。航标是航海时用来粗略指引航向的目标，航海者依靠它，就能大致知道该往哪个方向走。同样，在依恋关系中，只要孩子能一直感受到自己和航标的联系，就不会迷茫。更可喜的是，他确定方向的本能也会被激活，促使自己靠近目标。依恋会让孩子放心地将方向盘交给父母，在孩子看来，成年人更懂得确定方向，更能找准前进的路。

一旦需求无法被看见和得到及时满足，孩子就会十分恐惧。孩子对于迷失方向的恐惧，甚至超过了他们对身体伤痛的恐惧。对孩子而言，失去方向就意味着失去了和目标的关联，这种漫无目的的状态，是人类大脑绝对不能接受的。当人类找不到任何事物或者人来为自己定向时，即使是那些有自我引导能力的成年人，也会感到茫然无措。

成年人都会经历这样的痛苦，可想而知孩子一旦没了方向会多恐惧。在我一年级的时候，我特别依恋一位叫阿克博格的老师，她离开学校时我非常难过，那种痛楚我至今还记忆深刻：感觉自己像一个迷路的灵魂，漂泊无依，漫无目的。

显然，父母和替代父母角色的成年人，比如老师，是孩子最好的航标。但是，谁能成为孩子的航标呢？这完全取决于孩子更依恋谁。然而依恋是变幻无常的，有时候，孩子选定的这个重要角色可能会非常糟糕，比如同伴。孩子如果特别依恋同伴，就会更愿意和他们待在一起，对他们心有好感。这样一来，不管同伴是个人还是群体，就会成为孩子的航标。接下来，这些同伴也就成了孩子亲近的对象，孩子会下意识学习他们的肢体语言、穿衣风格、个性表达方式和做事原则。同伴会影响孩子对一些事情的判断：什么是好的，什么是重要的，甚至如何定义自己。辛西娅的例子，其实就说明了这个问题，同伴已经取代父母，成为她情感小宇宙的引力中心。她开始围着同伴转，这彻底打乱了本来的秩序。

孩子对定向的需求是无法通过伙伴得到满足的。因为同伴本身就不成熟，要知道，孩子都无法为自己确定方向，又怎么可能引导别人。同伴无法让孩子认识自我，无法指出孩子的对错，无法帮助孩子区分现实和幻想，也无法告诉孩子什么有意义、什么没意义，更也无法引导孩子制订目标和实现目标。

既然同伴有这么多无法做到的事，那么，孩子究竟能从同伴导向中得到什么呢？下面这个假设的场景，可以让我们找到答案：你站在一条荒野小路上，你完全不熟悉路况，周围还一片漆黑。此时，如果你是孤身一人，肯定会特别害怕，甚至恐慌。但是，如果身边有一位自称知道路的人，或一位你认为他知道路的向导，你很可能就会大胆前进了。这种情况下，只要向导自己不显露出恐惧，你就不会害怕。

孩子与同伴的关系，就相当于赶路人和向导的关系。当孩子与同伴互为航标时，他们是在借此缓解没人引路而带来的恐惧和焦虑，就像你用和向导同行来给自己壮胆一样。从意识层面上讲，孩子这样做，可以避免让自己感到迷茫、混乱或疑惑。但显然的是，孩子并不是拥有真正的向导，他们就像盲人领着盲人，又像相互拥簇游动的鱼群，自己感觉很不错，但完全不知道遵循的航标准不准确、连不连贯、靠不靠谱，似乎这些对他们都是无所谓的事情。这些孩子不会有丝毫的困惑，但他们完完全全地失去方向了。

对用同伴代替父母的孩子来讲，只要能和同伴待在一起，就心满意足了，他们并不在乎是否偏离航向，反正他们不接受也不寻求成年人的指引。这时候，即使父母很清楚孩子的方向是错误的，或干脆没有方向，但孩子总是一副自信满满的样子，这让父母们非常绝望。很多父母都尝试向十几岁的孩子指出，他的世界有多么混乱，但结局总是不欢而散，因为孩子总是一口咬定自己的生活绝对没有错。

不乏有人轻率地说出这样的话："既然孩子对同伴的依恋，不会引发他们的迷茫或困惑，那就证明这种情感对他们的成长是有利的。"然而现实可没有这么乐观，与父母关系疏离并不是真的不让孩子迷茫，而只是让孩子感知不到自己的迷茫，这更加危险。父母们一旦发现孩子此刻的处境会很伤心，但更难过的是很多父母根本意识不到。

表面是背叛，内心是冲突

依恋对孩子的心理成熟，能起到核心影响作用。所以，孩子最依恋谁，谁对他的影响也最大。

那么，孩子能同时和父母、老师，以及同伴建立依恋关系吗？当然可以，只要这些关系不互相冲突，就都值得拥有。但是，当一个人的主导关系互相冲突的时候，当他从关系中接收到的价值观、信息是相互矛盾的时候，他就会陷入一团糟的困境。

为什么会这样呢？这就好像如果地球有两个北磁极，靠指南针航海的水手就会迷路一样。同时把同伴和成年人都当作航标的话，孩子也会迷失方向。孩子的"依恋脑"尚未成熟，无法同时承受两种相同力量的作用，更无法处理两种矛盾的信息体系。他们要么以同伴为导向，要么以父母为导向，不能两个都选。如果大脑不能完成二选一，孩子就会出现情感混乱、缺乏目标、行动受阻，这样的结果就是，孩子更不知道自己该选谁了。

婴儿的眼睛如果有散光，就会看到重影，大脑会在这种情况下，自动阻断某只眼睛成像信息的传递，久而久之，被忽略的这只眼睛就会失明。同理，当孩子的精力都放在导向的选择上，他的人格和行为就会受到严重的影响。

孩子选择同伴为导向时，会让很多父母觉得自己被孩子背叛了，并因此感到生气和绝望。其实，父母不知道是自己拱手把教养权利让给了同伴。背叛只是表象，其背后的警示信号更值得我们关注。用伪生理原因或者心理假设，将孩子的行为定性为"不良行为"或"青春期叛逆"，只能让父母的心里暂时好受一点，但却会因此让父母忽略掉主导着冲突的本质。如果不分析潜在诱因，只凭表象就惩罚或者管制孩子，等于不问病因就直接给病人开药。只有父母深入了解孩子后，才能真正有效地处理孩子的"不良行为"和"青春期叛逆"。孩子不惜牺牲自己的个性，也要去融入同伴群体、让自己合群，只是源自他们内心的冲突，跟他们是否健康成熟、是不是青春期没有任何关系。作为父母，我们需要面对的根本问题，是那些正和我们进行竞争的主导关系，它们引诱我们的孩子远离了父母的关爱。

亲近和疏远：一个硬币的正反面

辛西娅和父母的例子，暴露了亲子关系中的另外一个问题：为什么跟同伴亲近，就会疏远父母？原因就在于：依恋本质上具有两极性。

人的依恋，就跟磁极一样，具有两极化的特征，你离地球的北极越近，离南极就会越远。人性也是如此，尤其对孩子或其他不成熟的人更是这样。亲近一个人，就会排斥这个人的竞争对象，这就像刚和新男友坠入爱河的女生，会突然觉得自己的前男友十分恶心。其实,前男友并没有变,只是她对前男友的依恋情感没有了。因此,一个人会被另一个人认可,也会被他否定,主要是看当时关系的指针是朝着哪个方向。依恋情感发生变化时,即使是原来无比亲近的人,现在也会觉得讨厌至极。这种改变有时发生得很快,快得让人摸不着头脑,很多父母或许对这样的场景似曾相识:孩子哭着回到家告诉自己的父母,自己突然就被"最好的朋友"甩了,觉得非常痛苦和沮丧。

从亲近到疏远,从喜欢到讨厌,从关切到蔑视,从深爱到憎恨,这些强烈又对立的情感,其实是一个硬币的正反面。孩子对同伴有多亲近,就会对父母有多疏远,依恋中不存在中立的东西。依恋把孩子的世界分成了喜欢和不喜欢、吸引和讨厌、愿意接近和设法逃避这样的两极。当同伴开始主导孩子时,父母和孩子之间的主导关系就会被取代,孩子的不同依恋对象——父母和同伴,就像情敌一样相互竞争着。

需要注意的是,孩子疏远父母,并不代表他们有性格缺陷或不懂礼貌,也不是行为方面存在问题,只是因为他们的依恋本能失灵了,出现了方向上的错误。看见疏远的内在原因,才能拉近和孩子的距离。

通常情况下,依恋的两极性是件好事,能维护住孩子和父母之间的亲密关系。这种两极性最早出现在婴幼儿时期,也就是我们常说的会"认生"的阶段。婴幼儿越依赖某个成年人,他就会越排斥其他人。婴幼儿觉得某个陌生人离自己太近,让自己不舒服，就会害羞地躲开，扑向自己亲近的人。这些都是孩子依恋两极化的体现，不过，很多父母没有看见这些，却总是训斥孩子太过失礼。在教养中，多一份看见，少一份武断，教养便会变得简单起来。

依恋的两极性也存在负面性。随着孩子慢慢长大，"认生"的现象就会逐渐消失，但对同伴导向的孩子来说，"认生"本能会转变为其他的疏远表现。比如，青少年不再会像小孩子那样，用吐舌头的方式直接表达不满，但他们却会通过其他方式，表示出相同的态度——远远地盯着你、表情冷酷、翻白眼、不和你对视、不和你接触、不和你互动，等等。

当孩子出现行为问题时，我们往往习惯于用各种育儿技巧在行为层面解决问题，常常效果不佳，这是因为我们没有"看到"孩子行为背后真正的动机。

想象下面的这个场景，会让我们对依恋的两极性有更深刻的体会：

假设你有个读 3 年级女儿，她叫瑞秋。自从她上幼儿园起，你每天都送她去上学，大手拉小手，感觉非常幸福。把她送到学校后，你总会抱住她，亲她，跟她说一两句亲密的悄悄话，然后再离开。然而，瑞秋最近的心思都在同伴身上了，她想一直和她们在一起。慢慢地，她就像变了一个人，言谈举止、穿衣喜好都变了。有一天，你像往常一样拉着她的手出门，走在路上，碰到了她的几个同学。这时，虽然你还是拉着她的手，但是她的手却拉得不那么紧了，走路也总是比你快半步或者慢半步，总之，就是故意不和你并排走了。后来，你们又遇见了几个她的同学，她突然就松开了你的手，向前跑去。到了学校后，你还是像以前一样弯下腰想抱抱她，她却挣脱你的怀抱，好像很难为情的样子。最后，她没有热情地拥抱你，只是勉强地把胳膊搭在了你的肩上，挥手说再见的时候，都不正视你了。

这一切，必然会让你觉得受伤与失落，但其实，你刚才所经历的就是依恋的两极性：从亲近到疏远。当有更加宝贵的新关系出现时，孩子就会挣脱原先抓紧的手，为同伴无情地抛弃我们。

依恋两极性的负面性，体现在很多方面，其中之一就是：拒绝和父母有相同点。依恋父母的孩子，会发自内心地想变成父母的样子，而同伴导向的孩子，则非常讨厌和父母一样，他们会想尽一切办法，变得和父母不一样。如果说相同意味着亲近，那不同就意味着疏远。正因如此，同伴导向的孩子会刻意培养一些和父母完全不同的爱好，或保持与父母相悖的观点，他们就是想和父母完全不一样。

有时，人们可能会把孩子这种偏要和父母不同的执念，误认为是他们在追求个性。实际上，这是两回事。孩子在任何人际关系中，都会表现出自己的个性，并不是只在亲子关系中才会如此。真正追求个性的孩子，在任何压力面前都会坚持自我，而事实上，很多声称"有个性"的孩子却恰恰相反。他们在融入同伴群体的过程中，会被彻底同化，但凡有一丁点儿和其他人不一样的地方，都会让他们非常不安。成年人眼中孩子的"个性"，其实是孩子的一种伪装，伪装背后，是他们求同的强烈内驱力。而倘若此时我们能看见这种求同的真实原因，就等于向孩子靠近了一步。

还有一种比疏远更极端的排斥行为，就是去嘲笑那些自己想要疏远的人。这种行为，其实是受到了本能的支配。就如亲近和疏远，是关系的两个磁极，"效仿"可能是最好的赞美方式，而"嘲笑"则是最侮辱人的贬低行为。只有看见，我们才能发现这两者的深层含义。

孩子越是想通过共性来亲近同伴，就越容易把成年人当作嘲笑的对象。喜欢和求助的对立面，就是厌恶和蔑视，当孩子把同伴当作自己的导向后，就会理所当然地把父母当作自己嘲笑、愚弄、侮辱和贬低的对象。一开始，孩子会在背后说父母的坏话，这样做通常是为了赢得同伴的好感，但随着同伴导向的程度不断加深，他们对父母的攻击也会愈演愈烈。可悲的是，这种恶意的行为，原本是用在敌人身上，因为只有在对待敌人时，才可以坦然采取这种过河拆桥的做法。然而，现在孩子却像对待敌人一样对待父母，无论是对父母、对他们自己，还是对亲子关系而言，这都是一种伤害。同伴导向的孩子，已经失去了对本能的控制，一举一动只是在跟风而已。而这就是主导关系相互冲突、依恋两极分化后的结果。教养的真相，我们只有层层剥离才可发现，借此我们才能看见孩子的真实世界。

与父母关系疏离的孩子，经常会表现得像没有父母一样，特别是和同伴在一起的时候，关于父母他们只字不提，父母成了被忽略的角色。孩子一旦选择忠于同伴，就会觉得自己不应该再站在父母这一边，不应该听父母的话。虽然父母会感到难过，但要明白孩子并不是故意要背叛和疏远父母，他们只是在追随自己的本能——因为某些原因，已经失控了的本能。从孩子的角度理解问题，才能真正看见，否则看到的只是问题的表象。

第3章
原生关系、派生关系和替代关系

身为父母,应该看见:

- 从原生依恋派生出的关系,很少会反过来和原生关系发生冲突。相反,孩子很可能会因为这些派生关系,更加重视与父母的关系。
- 在依恋空缺时就近选择一个人做航标,才是他们的头等大事。而太多父母就是在这种情况下被替代的,开始的时候,可能只是在某些时刻被暂时替代,久而久之就会被永久替代。
- 大多数情况下,关系之间并不是因为有了联结而自然派生,而是因为空缺而被强行替代。

父母应该看见,孩子会接受父母的教导,存在着一个前提:认可自己和父母之间的关系。孩子们的"依恋脑"很单纯，不会偏向任何一个人，也不会因为谁有父母这个称号，就无条件地依赖他们。他们亲近一个人的唯一标准，就是依恋关系。然而，很多父母做不到时刻跟孩子保持亲密的联系，那么，又怎么才能保证亲子关系具有主导性呢？我们下面就将从依恋的产生，来提出对策。

基地外的安全保护圈：派生关系

一般来讲，对一个人产生依恋，主要有两种方式。第一种，是原生关系的自然衍生，也就是说，新关系是原生关系派生出来的产物。这种方式最早出现在婴儿期，大多数婴儿在6个月大的时候，就会对陌生人表示抗拒，要想解决这一问题，就需要让孩子信赖的父母和"陌生人"进行某种互动。比如，让孩子的妈妈和"陌生人"友好地互动一段时间，这个时候只要让婴儿在一旁观察即可，不用急于让婴儿直接和陌生人接触。慢慢地，婴儿的抗拒心理会逐渐减弱，直到最后，会愿意和这个陌生人接触。这是一个类似"友好介绍"或"打招呼"的环节，让孩子得以熟悉对方。当和陌生人愉快接触一段时间后，婴儿的依恋本能就会开始发挥作用了，他会主动和对方交流，愿意让对方照顾自己。在婴儿眼中，刚才还是"陌生的"成年人（比如父母的朋友或者保姆），现在已经得到了"认可"，可以充当自己的看护人了。

造物者的设计非常巧妙。从原生依恋派生出的关系，很少会反过来和原生关系发生冲突。相反，孩子很可能会因为这些派生关系，更加重视与父母的关系。在他们眼里，父母就是那个终极航标，和父母的关系永远都是主导性的。即使孩子和兄弟姐妹、祖父母、堂亲、表亲以及父母的朋友建立关系，也丝毫不会影响和父母的感情，就算是同伴参与进来，也不会撼动和父母的关系。

这些派生关系，为孩子创造了一个"基地外的安全保护圈"。这个保护圈不仅不会破坏基地，还为孩子和父母的关系搭建起了有力的屏障。

情感出"外遇"，关系被替代

依恋产生的第二种方式，则是用另一种关系来替代原生关系。这种情况发生在原生依恋关系破裂的情况下，孩子是无法忍受依恋空缺的，这会让他们觉得自己没有了确定方向的航标。这时，孩子的大脑会发出指令，自动寻找相应的替代品——也就是其他能弥补空缺的人。尤其对那些情感需求很强烈的孩子来说，填补这个空缺，是自己的头等大事。这时，如果父母能发现孩子的情感空缺，及时填补，就抓住了教养的时机。

作为替代品的依恋关系，基本是任性随意产生的，是偶然和混乱的产物。这一点，在一些故事传说中也有所体现：罗马城的传奇奠基人、战神的双胞胎儿子罗穆卢斯和雷穆斯，陷入了人类的深渊，后来他们被一只母狼抚养长大。人猿泰山也遭受了同样的命运，被一些类人猿收养。在玛·金·罗琳斯的经典儿童著作《鹿苑长春》中，一头失去父母的小鹿被一个小男孩收养了。动物也是如此，无法依赖父母时，羚羊甚至可能会和狮子扯上关系，猫也可能会缠上狗。我的宠物矮脚鸡，甚至把我哥哥的哈雷摩托车当成了印刻对象。

依恋空缺，是指孩子的原生依恋关系出现了缺失，这是非常危险的情况，导致的结果也是完全无法预测的。我们在前面提到过，小鸭子出生时，如果鸭妈妈不在，小家伙就会对离它最近的移动物体产生依恋。这方面，人类其实也好不到哪里去。人的依恋程序是没有逻辑的，不会考虑依靠、责任、安全、成熟和养育等因素。孩子选取替代对象的时候，根本毫无智慧可言，他们不会面试对方，也不会在内心产生任何质疑，比如：眼前这个航标和父母的方向是一致的吗？我能同时和他们都保持亲密的关系吗？我能依赖这个人吗？这个人能无条件地接受我、爱我吗？我能信任这个人给我的引导和帮助吗？他是真的喜欢我，愿意让我真实地展现自己吗？对孩子来讲，以上这些他们根本就顾不上，在依恋空缺时就近选择一个人做航标，才是他们的头等大事。而太多父母就是在这种情况下被替代的，开始的时候，可能只是在某些时刻被暂时替代，久而久之就会被永久替代。

与派生出的关系相比，这种为了弥补空缺而出现的替代关系，有极大的可能会变成孩子的"外遇"，也更容易与原生关系产生竞争。只有当同伴关系是从原生关系派生出来的时候，它才是最安全的。但不幸的是，大多数情况下，关系之间并不是因为有了联结而自然派生，而是因为空缺而被强行替代。

如果孩子产生依恋的那个同伴，是父母不认识的，那么同伴关系和亲子依恋产生冲突的可能性，也就越高。而这种情况导致的结果就是，孩子的同伴导向越来越严重，甚至一发而不可收拾。

建立原生依恋关系的 6 种形式

父母与孩子建立牢固原生关系，其中最简单也是最有效的方式，就是借助依恋。一位受访的母亲对此很有感悟："如果你不懂孩子，你就没办法忍耐他。"你看不见孩子的内心，你也就无法忍耐各种让你崩溃的琐事。

依恋的形式，按照从简单到复杂排序，共分为 6 种。值得注意的是，以同伴为导向的孩子，一般是通过最基本的那一种形式，对同伴形成了依恋。

形式 1：感官上的亲近

这种形式的目的，是和依恋对象实现身体上的亲近。孩子会通过嗅觉、视觉、听觉或者触觉，竭尽所能地和依恋对象保持接触，感知对方的存在。一旦这种亲近受到威胁或干扰，孩子就会发出警报，表示强烈抗议。

在婴儿时期，人类就产生了亲近身体的渴望，这种渴望并不会因为时间的推移而弱化或消失。相反，一个不够成熟的人，反而会比过去更依赖这种依恋模式。像辛西娅这样同伴导向的孩子，就喜欢和同伴腻在一起，她们一起闲待着，一起逛街，保持空间上的接触。在这种较为简单的依恋模式下，孩子之间很可能根本没什么正事，就是东拉西扯。"我和朋友即使没什么事，也能聊好几个小时，"15岁的皮特说道，"我们就聊'有什么事'、'哥们儿，最近怎么样'、'你抽烟了'、'我们去哪儿'或者'谁谁谁在哪儿'。"他们之间的聊天，不是为了交流，而是出于依恋的惯性，他们需要保持声音上的接触。同伴导向的孩子并不清楚自己为什么会有如此强的动力，对他们来讲，和同伴亲近是一件再自然不过的事，但也是一件非常紧迫的事情。他们在听从自己的直觉行事，而这直觉并不准确。

形式2：追求共性

依恋的第二种形式，通常会在学步期表现出来：孩子想变成自己最亲近的人的样子。他会通过模仿，做出和依恋对象一样的行为或者表情。对同伴导向的孩子来说，他们会模仿同伴的走路方式、讲话方式、喜好习惯、肢体语言、穿衣打扮和其他行为举止。

还有一种方式，也能帮人们通过追求共性来实现依恋，这就是认同。具体来说，就是认同某人或者某物，相当于支持和赞同此人或此物。这时候，人的自我认知，和他所认同的对象融合在了一起。这个对象可能是父母、英雄人物、群体、某个角色、国家、运动队、摇滚明星、某个想法，甚至是某部作品。越独立的人，这种认同感可能就越强。

形式3：占有和保持忠诚

在正常发展的情况下，依恋的第三种形式也出现在学步期。亲近一个人，就会在心里认定这个人是"自己的"。蹒跚学步的孩子有了依恋情感后，会把依恋的人或物当成只属于自己的东西——这个对象可能是妈妈、爸爸、泰迪熊或者自己的小妹妹。

而对同伴导向的孩子来说，在处理同伴关系时，也会表现出非常强的嫉妒心，会试图把同伴"据为己有"，不允许他人介入。这种占有欲可能会引发激烈的冲突。对很多青少年来讲，"谁跟谁做朋友"堪称生死攸关的大问题。这是种很幼稚的依恋模式，但却在大部分同伴导向的孩子身上都能看到，尤其是女生。

占有背后紧跟着的，就是保持忠诚，也就是忠诚于自己的依恋对象。同伴导向的孩子受依恋本能的驱使，会为同伴保守秘密，支持和听从对方的任何决定。孩子对同伴的忠诚，不过是依恋主导出的结果，如果孩子的依恋对象改变了，他的占有感和忠诚感也会随之改变。

同伴导向特别严重的孩子，对同伴和自己的圈子会呈现出"骇人"的忠诚。英属哥伦比亚省维多利亚市有个十几岁的女孩，名叫里纳·维克，她被同伴杀害了。可怕的是，事发时很多孩子都知道真相，但是他们缄默不言，直到很多天后他们才告诉了父母。这就是典型的对同伴忠诚所导致的后果。

形式4：寻求重要性

依恋的第四种形式，就是努力让自己在对方心中变得重要。人类的天性决定我们都想和自己在乎的人保持亲密，想成为对方心中重要的那个人，认为这样能让亲密关系变得更为牢固。学龄前儿童依恋一个人时，会费尽心思让对方开心，赢得对方的认可，依恋对象只要有不高兴或不赞成的表情，他们就会非常敏感。这样的孩子，人生目的就是让依恋对象开心。同伴导向的孩子也是这样，只不过他们要讨好的是同伴。

我们说的"老好人"，就是那些喜欢被别人认可的人，即使在很多人看来，他们要讨好的那个人非常讨厌。

这种依恋方式之下，孩子会变得很脆弱，很容易受伤。一个人越是想在别人心中占有重要位置，越是会在失去重要位置时，内心受到严重的伤害。比如，当我们请求别人帮忙时如果被拒绝，我们就会比其他情况更受伤。敏感的孩子更渴望温暖和关爱，如果在需要这些的时候他们感受不到，就很容易被击垮。在这个问题上，虽然很多父母也称不上完美，但和同伴相比，父母毕竟有无私的爱，所以通常父母是不会利用孩子对重要位置的渴望，而去伤害孩子的。

形式5：付出情感

依恋的第五种形式，就是付出情感，即付出温暖、爱和关切。对于感情强烈但又容易受伤的学龄前儿童而言，他们对情感的亲密程度有着很强烈的渴求。通过付出建立起依恋关系的孩子，通常会很依赖自己的依恋对象。如果这个依恋对象是父母，那自然是很好的，父母的爱是孩子依恋的终极法宝，能给他们的心灵带来最强的力量和安慰。因此，和父母亲近的孩子，在依赖的同时，也能忍受跟父母分离，而且分离不会影响亲子关系的亲密程度。

与父母导向的孩子相比，同伴导向的孩子很容易选择另一种依恋模式：一种自己不易受伤的依恋模式。他们跟谁都能玩，但跟谁又都不是真正的亲近，用隐藏脆弱来保护自己。这些孩子之所以这样做，是因为他们在付出感情时受到过伤害，当一个人没有足够的爱来弥补这种伤害时，就会退到相对安全的地带。有的人从来不愿敞开心扉，不愿暴露自己脆弱的一面，很可能就是因为他之前被人拒绝过，或者抛弃过。

形式6：渴望被理解

依恋的第六种形式，是让对方理解自己，实现最深层的亲密感。这种方式通常会在孩子入学后表现出来。从某种程度上讲，这种方式与上一种方式有类似之处，只不过这种方式更侧重让对方在心理层面关注自己、了解自己。

我们会发现，孩子在尝试与别人建立亲密关系时，会主动和对方分享自己的秘密。其中父母导向的孩子，为了维护和父母的亲密关系，会主动和父母诉说自己的心事。而同伴导向的孩子，很多时候为了"保护自己"，隐藏自己的脆弱，不愿意和别人分享自己的心事，他们之间的秘密分享，更多是说其他人的八卦。也就是说，真正意义上的心理亲密，在同伴导向的孩子之间是看不到的，因为他们认为这么做的风险太大了。正因如此，在同伴导向的孩子眼中，那些愿意和父母分享秘密的孩子都是怪胎。"我朋友不相信我和你说了这么多秘密，"一个14岁的女孩和父亲散步时说道，"他们都觉得我很傻。"

很多成年人在婚姻中也会体现出这一点，他们即使同处一室，也不愿意和最爱的人分享内心的忧虑和不安。因此可以说，这种方式是一种最罕见、但也是最珍贵的依恋方式。世界上最亲密的感情就是相知，这是一种经过了解之后依然喜欢、接纳、张开双臂拥抱彼此的感觉。

以上 6 种依恋形式，如果顺利发展的话，可以互相交织，拧成一条坚实的纽带，让我们即使在最糟糕的情况下，也能维护亲密关系。心理越成熟的孩子，维护亲密关系的方式越多，他们即使和依恋对象分开了，亲密关系也不会受到影响。越不成熟的孩子，选择的依恋方式可能越简单，比如婴儿或者学步期孩子。

而同伴导向的孩子是很难成熟的，"故意逃避脆弱"是他们情感联结的本能。他们生活的世界中，依恋是极为有限并肤浅的，他们认为的最安全方式，就是追求和别人的共性。这也是同伴导向的孩子为了保持与同伴的接触，所经常选择的一种方式。他们会竭尽所能地寻找和同伴的共同点，尽可能地在外貌、行为、思想、喜好和价值观上与同伴一致。

和正常依恋父母的孩子相比，同伴导向的孩子用来建立和维持亲密关系的方式要少得多，一般只有两三种。而他们会特别依赖仅有的这几种方式，就像视觉障碍的人更依赖其他感官一样。一旦依赖了一种方式，他们就会不顾一切地紧紧将其抓住。这就是同伴导向的孩子互相依恋的方式：感情强烈，不顾一切。

依恋同伴的孩子，从本质上讲是不成熟的，所依恋的对象也是不成熟的，但是他们同样需要航标，而这个航标只能由父母来提供，这点必须被看到。

第4章
教养，是一种权利关系

身为父母，<u>应该看见</u>：

· 父母真正缺乏的，是教养的"动力"，这种动力不是爱、教养知识、专注力或者教养技能，而是教养的权利。
· 父母行使教养权利不在于孩子自身的需求，而在于孩子是否渴望父母能满足他们的需求。
· 教养发挥作用，需要三个要素：有需求的依赖者、愿意承担责任的成年人和孩子对成年人的正常依恋。

克里斯汀7岁的时候，她的父母找到了我。克里斯汀是家里三姐妹中的老大，在上二年级之前，她一直都是一个热情开朗的孩子。但最近，她像变了一个人，和父母对着干，说话很没礼貌，尤其是在朋友面前她总是冷若冰霜地对待父母。女儿的变化让父母很困惑，也很担心。"以前，基本不用教育克里斯汀。"母亲说道，"可现在，这个孩子变得像只刺猬，特别难管。我们稍微对她提点要求，她就各种抗拒，只要我们赞成的她就反对。"在气急了的时候，克里斯汀的母亲曾控制不住地吼叫，说一些让自己事后感到后悔的话。家里为此总是气氛紧张，吵吵闹闹，克里斯汀的父亲很厌烦这样的家，宁可在公司加班，也不愿意早回家。像很多父母一样，在教育克里斯汀时，他们更多的是通过斥责、威胁和惩罚。然而，事实证明这些招数都无济于事。

其实，并不是克里斯汀的父母缺少教养的技术，而是他们的亲子关系出了问题，父母看不见真实的孩子，进而失去了教养的权利。教养的权利是孩子赋予父母自然的权利，这样的父母很容易让孩子听话，听从自己的教导，也不需要任何的施压、斗争或者额外的奖励。

教养就像汽车，需要动力才能操作。一辆豪华汽车，即使配置了再先进昂贵的方向盘、刹车和车窗，但如果没有发动机，也无法启动。缺乏"动力"的教养，就如同没有发动机的豪华汽车，怎么努力也无法运转。生活中，找到一名好技师修车还算相对容易，但要找一位专家来解决孩子的教养问题，却非常困难。因为专家经常会把"修理"问题的关键，简单地归结为孩子不听话、父母不称职或者缺乏教养技巧，然而，是父母真的无能吗？并不是，他们只是真的无能为力。父母真正缺乏的，是教养的"动力"，这种动力不是爱、教养知识、专注力或者教养技能，而是教养的权利。

遗憾的是，父母往往无法看到这一点。他们总以为既然生养了孩子就自然是父母，自然有父母的权利。

天生教养权威的丧失

当父母觉得无法管教孩子时，他们总是认为：孩子大了，不再需要我们了；我的孩子太难管了；一定是我的教养技巧还不够。

身为父母，我们其实也会抗拒"权利"这个词，以为权利似乎等同于武力和控制。但教养的权利，指的并不是武力或者强迫，而是指"天生的教养权威"。这种天生的权威，来自父母和孩子恰到好处的同盟关系。教养的权利，是各种关系正常运转情况下自发产生的，不用费心争取，也不用人为推动。只有缺乏教养权利的父母，才会诉诸武力，他们很容易情绪失控地对孩子大吼大叫，威胁孩子，或者利用自己的优势让孩子乖乖听话。而父母拥有的权利越多，需要借助武力的情况就会越少。

为什么父母需要权利？因为父母负有责任。教养，本来就是父母通过权利在履行相应的责任。不解决教养权利的问题，父母就会缺乏教养的动力。而没有动力，父母就会丧失权威，既无法引起孩子的关注，又不能激发他们的善良，更无法赢得他们的尊重，确保他们能良好地合作。而缺乏这些，我们就只能从强迫或者贿赂孩子上想办法了。

肖恩今年9岁，他的父母因为感情不和协议离婚了。为了不伤害肖恩，两人离婚后都没有组建新的家庭，但即使这样，肖恩还是变得非常叛逆，他对父母出言不逊，还总是打妹妹。父母用了很多种方法，都不管用。虽然知道对孩子动手不好，但母亲绝望地发现，自己不得不频繁地使用体罚。父亲的情绪也很低落，认为是自己的原因导致儿子无法感受到父母的爱和家庭的温暖。

梅兰妮13岁了。谈起女儿，父亲总是一肚子火。在梅兰妮6岁时，奶奶去世了，从那以后，梅兰妮就像彻底变了一个人。之前，梅兰妮在家是好孩子，在学校是好学生，对3岁的弟弟也是爱护有加。但现在，她经常翘课，不做作业，还常常从家里溜出去。她拒绝和父母说话，讨厌父母，不想他们打搅她。她连吃饭都不愿意和父母在一起，总是躲在自己房间里吃。这让母亲很难过，母亲总劝她："按时回家，不要再偷偷溜出去了。"而父亲则看不惯她冥顽不灵的样子，觉得唯一的办法就是动用家规，让这个青春期的孩子记住"这辈子也不会忘记的教训"。在他看来，不采取强硬的办法，就是在纵容她的恶劣行为，后果不堪设想。

这三对父母经历的挫折，很多父母也曾经历过，他们教养的权利都正在流失。教养孩子远比我们想象的要难得多。只有看见孩子，才能找到教育的简单之道。

关系赋予教养权利

不管父母的本意多好，都应该看到：能赋予父母教养权威的不是教养技巧，而是亲子间的依恋关系。父母获得教养权利的秘诀在于孩子的依恋。出生的时候，孩子缺乏独立生存的能力，完全依赖大人的照料、指引、支持和认可，从大人那里找到家的感觉和归属感。正是孩子的这种依赖需求，才让教养成了一件必要的事情。支持和认可就是一种被看见，会让孩子有归属感和满足感。如果孩子不需要我们了，我们也就不需要什么权利了。责任和权利是一种互助的关系。

从表面看，孩子依赖父母是很简单的事。但我们前面说到：依赖并不意味着就能依赖正确的抚育者。每个孩子生来都需要别人的照顾，但是过了婴儿期和学步期后，不是所有孩子都会依赖父母的。父母拥有的教养权利不是取决于孩子的依赖需求有多强，而是取决于孩子强烈的依赖需求对象是否是父母。这一点，父母也应该看到。父母行使教养权利不在于孩子自身的需求，而在于孩子是否渴望父母能满足他们的需求。

一个孩子如果不指望父母照顾，或者只是在衣食住行等物质方面依靠父母，那么父母就称不上是在教养孩子。心理上不依赖父母的孩子，父母是无法给予他们任何情感上的支持的。指导不愿接受指导的孩子，父母会非常沮丧；帮助不愿让自己帮助的孩子，父母的内心会充满挫败感。

这就是克里斯汀、肖恩和梅兰妮的父母们所面临的处境。才刚满 7 岁，克里斯汀就已经不想依赖父母，不接受父母的建议了。肖恩的情况也好不到哪里去，他已经对依赖父母这件事有了深深的抵触情绪。梅兰妮的情况更糟糕，她甚至不愿意和父母一起吃饭。三个孩子对父母都没有依赖感，缺乏依赖，就会无视权利。

所有孩子都是通过依赖父母才开启生命旅程的，这三个孩子在成长过程中发生了一些变化，有了不想依赖父母的想法，但这并不意味着他们就不需要别人的照顾。只要孩子无法独立生活，他就需要依赖别人。无论这些孩子真实的想法或者感受是什么，他们都还没有准备好独自生活。他们的依赖需求并没有消失，真正变化的只是他们依赖的对象。依赖对象的改变，也将教养权利转移到下一个依赖对象身上。无论这个依赖对象是否可靠、合适、负责或者热情，是否是成年人，他们根本不在乎。

父母看见孩子独立了，其实他们没看到孩子只是转移了依赖对象。和权利一样，依赖似乎也成了一个负面的词语。父母太急于让孩子独立了，以至于看不清孩子实际上能独立到什么程度。父母都希望孩子能够自我引导、自我激励、自我控制、自我定向、自力更生和自信满满。在抱怨孩子的不当行为时，父母完全没有看见孩子已经开始依赖同伴，不再指望父母的养育、安慰和帮助，不再寻求父母的爱护、认可或者赏识，他们更乐意从同伴那里寻找支持、爱护、联系和归属感。依恋的方向变了，依赖对象也会随之变化。相应地，教养权利也会从父母那里转移到同伴那里。但是，同伴其实是看不到孩子的需求的，孩子也不会从其身上获得安全感。

对克里斯汀、肖恩和梅兰妮的父母来说，最大的挑战不是制订家规、诱导孩子顺从，或者让孩子停止不当的行为，而是重新让孩子依赖自己。孩子依赖父母是教养权威的源泉，也是父母重拾教养权威的唯一途径。

一边忽视孩子，一边给孩子贴标签

教养发挥作用，需要三个要素：有需求的依赖者、愿意承担责任的成年人和孩子对成年人的正常依恋。三个要素中最关键也最经常被轻视和忽略的是：孩子对成年人的依恋。

很多父母觉得只要满足孩子的需求，自己也愿意履行教养的责任，这样就足够了。或者在遇到教养的问题时，把一切都归因于缺乏教养技巧，觉得类似"怎样能让孩子听话""怎样能让孩子做作业""怎样能让孩子打扫自己的房间""怎么能让孩子自己做家务"等所有问题，都可以用教养技巧来解决。

一旦父母把养育看成一项需要学习的技能，就很难从与孩子的关系角度去看待问题了。父母的这种想法，导致他们过度依赖专家的教养建议和技巧，反而失去了他们原有的教养优势。父母会很轻易就认定：孩子不听话，是因为自己不知道怎么能让他们听话；孩子不顺从，是因为自己还没有学会正确的技巧；孩子不尊重人，是因为自己还没教会他们如何尊重他人。当父母把注意力放在自己应该做什么的时候，就会忽视和孩子之间的依恋关系。然而，教养首先是一种关系，而不是一项需要习得的技能。依恋不是一种需要学习的行为，而是一种需要建立的关系。忽视关系，就看不见行为背后的真正原因，当然也会变得迷茫与焦虑。

很多父母，一边忽视和孩子的关系，一边又开始给孩子身上贴标签。归因错误常常是孩子的内心需求没被看见的开始。他们把责任推到孩子身上，觉得问题的根源在于孩子："难缠""好动""注意力缺失症（ADD）"，等等。这些标签一定程度上为孩子的行为找到了医学解释，消除了孩子被父母责怪的压力，但同时也掩盖了导致孩子不良行为的最大诱因，即人类从出生到死亡，大脑都是受周围环境影响的，而关系是孩子成长环境中最重要的一个方面。

当然，这并不是说孩子的问题和脑生理学完全无关。我们真正反对的是把孩子的所有问题都简单地用医学病症来加以解释，而不考虑导致问题出现的心理、情感和社会因素。不论是多动症还是其他孩子问题，都必须首先考虑是不是关系出了问题，然后再去考虑行为问题。

肖恩的父母已经踏上给孩子寻找标签的路了，分别从两个心理专家和一个精神病专家那里得到了不同的诊断结果。一个专家把肖恩的问题诊断为强迫症，另一个专家说肖恩是反抗式挑衅，第三个专家则称肖恩患有注意力缺失症。当专家诊断肖恩确实有问题之后，肖恩的父母终于舒了一口气，原来这一切并不是他们的错。同时，医生的诊断结果也让肖恩变得放松。他不是故意的，他控制不住自己啊！标签让亲子双方都松了口气，责任都不在自己身上，听上去是件好事。

给孩子贴上问题标签以后，肖恩的父母就只能依靠专家了。错误的归因导致父母看不见问题的源头，而只是把孩子的问题归因于孩子本身。他们不相信自己的直觉，不会从错误中寻找解决问题的方法，而是指望从专家那里得到教养孩子的技巧。他们机械地听从专家的建议，刻板地使用行为管控方法，肆意践踏和孩子的依恋关系。有时候他们感觉自己像是在治疗某种症状，而不是在和一个人打交道。标签掩盖了问题真正的症结，导致真正解决问题的方法不被看见。父母评估孩子的行为问题时，如果忽略了潜在的依恋关系因素，就很难找到真正的解决方案。

肖恩的情况不是个例，冲动让他变得更加难以管教。实际上，大部分冲动是由依恋关系触发的，肖恩找错了依恋对象。我们应该看见：问题解决的难点不在于肖恩的冲动行为本身，而在于这些冲动对抗的对象是肖恩父母。肖恩觉得依赖父母、亲近父母或者听从他们指导，违背了自己的本能，转身就向同伴靠拢。虽然同伴导向不能用来解释肖恩的所有注意力问题，但是恢复健康的亲子依恋关系是解决这些问题的基础之一。父母最需要看见的不是肖恩出了什么行为问题，而是看见他们和肖恩之间的关系缺少了什么。

尽管克里斯汀和梅兰妮的父母还没有开始带孩子看医生，但是他们也想知道自己的孩子是否正常，或者自己的教养技巧是不是存在问题。通过对梅兰妮的近距离观察，我发现她比同龄孩子成熟很多，但这仍无法解释她为什么难以管教。问题的关键在于她是个依赖同伴的人，这导致她在心理上很不成熟，从而给父母的教养带来了致命的打击。要想夺回教养权威，父母必须跟孩子重新建立健康的依恋关系——不仅是身体上的亲近，还要有心理和情感上的亲密。

第5章
依恋，让关系得以归位

身为父母，应该看见：

· 一旦孩子心中没有了排序意识，就不会认为父母比其他人重要，对父母也就没有了敬畏。

· 父母导向中的孩子，会开启对父母的依恋模式，自愿接受对方的照顾和引导。

· 当失去了孩子的依恋做支撑，我们只能靠为人父母的承诺与责任感对待孩子。

47岁的美国喜剧演员杰瑞·宋飞，从刚当爸爸就开始了抱怨："你能想象，当你发现小家伙一脸天真无邪地盯着你，一边却在他裤子里拉屎，是一件多么考验勇气的事吗？！"而让父母得以坚持下去的，就是依恋关系。虽然责任感和成就感也能让父母忍耐好长一阵子,但如果仅靠这两点,教养就变成了纯粹的体力劳动。没有依恋关系,很多父母可能忍不了孩子的屎尿屁,受不了一次次在酣睡中被吵醒,经不住折磨人的哭闹声,完不成各种让人挠头的养育琐事。可以推测,他们往后肯定也忍不了孩子各种恼人甚至讨人嫌的行为。

在教养过程中,依恋会无形地发挥作用。有的人没学过半点教养技巧,但他们依靠本能,和孩子建立了良好的依恋关系,成为成功并称职的父母。当父母成为孩子的依恋对象时,依恋关系会从七个方面有力地支撑起父母的教养权威。相应地,当父母不是孩子的依恋对象时,这七个方面就会转而削弱父母的教养权威。在亲子教养中,我们必须看见依恋的第一位置,这样才有可能赢得教养的成功。

父母是父母,孩子是孩子

孩子不愿意听你说话,却愿意听同伴说上一晚上?
孩子什么都不愿意跟你说,却愿意跟同学说?
孩子认为父母不重要,同伴更重要?
很多人以为,这是孩子成长过程中必经的过程,但其实这是孩子心目中依恋的对象发生了变化,同伴关系威胁到了亲子关系的地位。

依恋起到的第一个作用,就是对成年人和孩子进行排序。

在人与人建立关系时，依恋脑会根据对方主导作用的强弱，自动进行排序。大脑天生就为各种关系分配好了角色：支配者和依赖者，照顾者和被照顾者，付出者和接受者。即使是成年人间的依恋关系，也是如此。比如在婚姻关系中，夫妻会根据实际情况和各自意愿，自动变换照顾者和被照顾者的角色。而在成年人和孩子的关系中，孩子理应扮演依赖者和被照顾者的角色。

父母导向中的孩子，会开启对父母的依恋模式，自愿接受对方的照顾和引导。孩子会本能让父母照料自己，自觉地依赖父母，向他们寻求帮助，并听从他们的指导。这就是依恋最本质的特点：当一方具备依恋意识时，就会自动服从另一方的管理。但是身为父母我们很难看见这一点，总以为孩子拒绝跟自己沟通愿意跟同伴交流是沟通的方法出了问题，而未想到是关系出了问题。

同伴导向中的孩子，即使也启动了和上面一样的程序，结果也不容乐观。依恋脑原本是用来为亲子关系服务的，但在同伴导向的影响下，它会功能失灵。而本该在亲子关系中发挥作用的动力，却让不成熟的同龄人构建出了一种不健康的主导和服从关系。

在孩子之间，如果发挥主导作用的孩子热情负责，他确实也能给予同伴一定的教养和照顾。但如果，发挥主导作用的孩子本身自卑颓废、爱挑衅、以自我为中心，那他就很可能会欺凌同伴。我们不能把孩子的航标放在那些心智尚不成熟的孩子身上。

同伴导向的主要危害是，打破了亲子之间的等级关系。一旦孩子心中没有了排序意识，就不会认为父母比其他人重要，对父母也就没有了敬畏。父母得不到孩子的尊重，失去了父母该有的教养权威，这时如果父母稍微表现出主导意愿，孩子反而会觉得他们做作、虚伪，还会认为父母是想凌驾于自己之上。这是我们在面对问题时必须看见的一面。

前面提到的3个孩子，就是受到了同伴的"引诱"，准备逃离父母。虽然克里斯汀只有7岁，但父母已经在她的依恋排序中失去了主导地位。她不尊重父母，对父母粗暴无礼，尤其是有同伴在场的时候。而肖恩和梅兰妮的情况也大致如此，梅兰妮觉得父母和自己的地位完全平等，认为父母没资格对她指手画脚，而她也不想被父母掌控。梅兰妮的态度，让父母很震惊也很崩溃。父亲出于本能，努力地想让女儿摆正位置。遗憾的是，没有依恋的帮助，他什么都做不了。当苦口婆心没有任何效果时，父母应该看见，没有依恋力量做支持时，最多只能通过威胁让孩子顺从自己，而这样做的代价，就是会更加影响亲子关系，并对孩子未来的长远发展造成影响。可以说，当孩子对父母不再亲近时，教养中至关重要的等级结构也就垮塌了。

与父母关系疏离不是唯一让孩子疏远父母的原因，其他因素也会让孩子心中的依恋顺序大乱，等级结构坍塌。比如，当父母强加给孩子各种要求、而孩子又完成不了时，依恋顺序也可能发生错乱。我和马泰一个是心理医生，一个是内科医生，在我们的从医经历中，我们见过太多父母把孩子当作自己倾诉和依赖的对象，他们常常跟孩子抱怨夫妻间的各种问题，使得孩子成了父母的情感垃圾桶。这些孩子，没有机会向父母倾诉自己遇到的困惑，慢慢地，学会了压抑自己的需求，转而主动去满足别人的需求。这种依恋等级的颠倒，同样不利于孩子的健康成长。精神病学家约翰·鲍比写过经典三部曲，专门研究亲子关系对性格发展的影响，在第一部《依恋》中，他写道："父母与孩子的角色如果长期颠倒，基本上可以断定父母心理出现了异常，这种异常回过头会造成孩子心理上病态。"角色的颠倒，会扭曲孩子与世界的各种关系，成为孩子未来各种压力的最大来源。

简而言之，父母导向的孩子，会更愿意接受能管理他和为他负责的人，对这样的孩子而言，他们会觉得父母的引导很正常。如果孩子心中的排序被打乱，那么，无论他真实内心是多么依赖父母，也都会不愿接受父母的管教。

支撑父母心甘情愿的原动力

为什么你会心甘情愿地照顾孩子，特别是小婴儿？

教养的一部分，就是要接受"孩子不把父母的付出当回事"。一切都源于依恋。

依恋不仅让孩子愿意接受成年人的照顾，还会激发出成年人照顾孩子的本能。因为依恋，即便有重重的教养困难，父母也会变得更有耐心，更能忍受孩子的各种过失。而能起到这种双重作用的，只有依恋。

一个本身具备依恋情感的成年人，也会对婴儿的种种依恋行为感到心动——清澈单纯的眼神，天真无邪的笑容，伸手求抱的小肉胳膊，被抱起后立刻趴在你肩头的依赖。这些行为唤醒了成年人心中的"母性"，但这绝不是刻意设计的，一切都源自他们的依恋本能。当我们的"母性"被激发出来，就会不由自主地靠近这些小生命，想拥抱他，甘愿承担起照料他的责任。这时，父母其实是在感受依恋的作用：婴儿的依恋行为，激发出了做父母的本能。而一个人如果没有依恋情感，最终会变得麻木不仁。

只不过，随着孩子慢慢长大，他们可爱乖巧的行为也会慢慢减少，但其对父母造成的影响，却会贯穿孩子的整个童年：每当孩子表达出对我们的依恋时，我们就会感慨孩子越来越贴心；每当孩子无意做出各种有意思的小动作或小表情时，我们的内心就变得无比柔软，和孩子的关系也越来越亲近。这并非代表我们被孩子掌控了，反而恰好证明我们体验到了依恋的魔力。

然而，同伴导向却破坏了亲子关系中的所有美好。在父母面前，孩子再也没有了那些散发魔力的依恋行为。眼神不再对我们"放电"，温暖人心的笑容也消失不见了，只剩下冷漠和疏远。这时候，即使我们主动爱抚孩子，他们也没有了反应，最多草草敷衍一下我们的拥抱，我们成了一厢情愿的那个人。更糟的是，我们发现自己好像也没那么喜欢孩子了。当失去了孩子的依恋，我们只能靠为人父母的承诺与责任感对待孩子。或许对有些人来说这就足够了，但对大多数人而言，这远远不够。

梅兰妮的父亲，显然就属于不够的这一类。以前，他和梅兰妮非常亲近，但随着女儿的注意力和情感都转向同伴后，他的心被彻底伤透了。梅兰妮的父亲在照顾女儿方面，其实比大部分父母都要用心，但这和他的性格无关，而是源于依恋。也正因此，当他越来越得不到女儿的回应时，当他发现女儿不但不尊重自己、甚至还利用自己时，他便频繁放出各种"狠话"，比如"够了，我再也受不了了""谁活该管这些破事"，这都表明他的内心已经开始发生变化。

几乎所有父母都经历过这样的阶段：得不到孩子的回应，不被孩子当回事，被孩子利用。只不过因为依恋的存在，我们对这些并不敏感。不光人类，即使是动物也是如此。猫妈妈照顾猫宝宝时，小猫会在妈妈身上踩来踩去，又咬又挠，大部分情况下，猫妈妈都能忍受。但是，如果放进去一只别的小猫，哪怕对猫妈妈只有一丁点儿的身体触碰，哪怕是出于无意的，猫妈妈都会非常反感。除非新来的小猫和它建立了依恋关系，这种情形才会有所改善。同理，当我们排斥孩子时，我们自身的成熟和责任感确实可以帮我们克服这种反应，但因为依恋关系的淡化，我们会很容易被激怒。继父继母之所以口碑总是不好，很可能就是因为和孩子之间缺乏相互依恋。这是我们需要看见依恋作用的原因。

大部分父母都需要借助依恋关系，才能在履行责任时，熬过数不清的波折和疲惫。孩子意识不到自己会影响和伤害父母，也不知道父母为他们做出多大牺牲。在他们能成熟思考前，他们也确实不需要弄清父母付出了多少，可以说，教养的一部分，就是要接受"孩子不把父母的付出当回事"。我们之所以觉得付出是值得的，是因为孩子对我们表现出了喜爱，愿意和我们保持联系，想和我们更亲近，而不是因为期盼他能感恩我们的付出。而这一切，纯粹是因为存在依恋关系。依恋关系一旦扭曲，父母从孩子那里感受不到自然的温暖，会觉得压力倍增，难以喘息。面对同伴导向的孩子，很多父母发现自己完全不知所措，转而怪罪自己不够"爱"孩子，并因此内疚。

而在同伴导向的关系中，依恋的力量却变成了孩子忍受不公待遇的耐力，依恋关系的作用，也从原本让父母实现轻松、持久的教养，变成了任凭施虐的利器。同伴导向的孩子，在受到同伴欺负的时候，很可能会选择宽容，这让很多父母感到惊诧不已，不明白为什么孩子在家连父母的一句教导都不能忍受，却竟然能容忍同伴的无礼要求，甚至接受对方的"虐待"。同伴导向的孩子意识不到，朋友或同学之所以不考虑他的感受，是因为根本不在乎他，他只会假装不在意，或主动为这份依恋关系找到维持下去的理由。

父母应该看见，自己能忍受孩子种种怪异的行为和屎尿屁，源于依恋。

让孩子愿意听父母说话

不论你说什么，孩子都想听。

无论你提出什么建议，孩子都不抵触。

依恋父母的孩子，更看重父母所看重的一切。

我们应该看见，教养的基础，是孩子愿意关注我们，愿意听我们说话。因此，孩子的注意力一旦不在父母身上，教养就会变得十分吃力。可现实中，没有人能完全控制另一个人的注意力，大部分情况下，孩子的大脑会无意识选择优先考虑的事项。比如孩子正好很饿，那么食物就最能引起他的注意；如果是他正找不到方向，寻找熟悉的人就是他最迫切的需要；如果他正感到惊慌，找出惊慌的理由就是他最想做的事。而依恋在孩子的世界中是最为重要的东西，所以，会被孩子安排在注意力的中心。

孩子的注意力，会紧随依恋的步伐，依恋程度越高时，孩子就越容易投入注意力，而依恋程度较轻时，孩子的注意力也就难被吸引过来。当孩子的注意力不在父母身上时，一个最直接的表现就是：父母必须不断提高嗓门或者反复重复自己的话。我们经常听到父母强调一些与注意力有关的话，比如"听我说""我说话的时候看着我""看这里""我刚才说了什么"，或者最简单的"注意"。

父母应该注意到，与父母关系疏离的孩子，会本能地把注意力转向同伴。他们认为把注意力放在父母或老师身上，实在有违自己的本性。他们把成年人发出的声音，全视为噪音和干扰，在同伴导向下，成年人也确实处于明显的劣势地位，他们在孩子的关注等级中位置极其靠后。这就是典型的因为依恋关系紊乱，进而造成了注意力方面的紊乱。

父母应该看见，孩子之所以愿意听自己的，把自己的建议放首位，源于依恋。

让孩子跟父母更亲近

孩子是不是总想和你在一起，甚至晚上也想和你睡一起？甚至孩子每天回家的第一件事就是找父母的一方？

依恋父母的孩子，总是想和父母在一起，想和父母多说话。

依恋最重要的任务，就是让孩子亲近我们。在孩子小的时候，依恋就像一根隐形的牵引带，让孩子渴望和父母有身体上的亲近。在这一点上，人类和很多其他生物的幼儿都是一样的，都要求父母必须在自己的视觉、听觉或者嗅觉范围内。

有时候，我们会觉得孩子的这份亲近让人有点喘不过气，比如明明就隔了一扇卫生间的门，学龄前的孩子还是会因为看不到父母，而无比恐慌。不过，在大多数情况下，孩子的亲近反倒能给父母很多自由，比如你不用在走路时一直盯着孩子，他就会本能地跟着你，这种情况也能在熊、猫、鹅等动物身上看到。靠着依恋，我们就可以看管孩子，而不必像放羊那样用栅栏把他圈起来。

当然，孩子这种想亲近父母的本能，确实会给父母造成一些麻烦，尤其是在一些必须和孩子分开的情况下，比如父母上班、孩子入园、夫妻亲热、想清静或者想睡觉的时候，我们会不那么喜欢依恋。但大多数情况下，我们还是应该感谢依恋，它让我们得以和孩子保持亲近，不然单凭我们自己，恐怕永远没办法履行教养中的各种职责。我们需要学习的，是如何让依恋有助于管教孩子。

如果一切顺利的话，孩子和父母身体上的亲近，会逐渐演化成情感上的关联。孩子在幼年时，会强烈渴望时刻看到父母，慢慢地，会变成想知道父母在哪里。即使是青春期的孩子，如果依恋父母的话，也经常会问"爸爸在哪儿"和"妈妈什么时候回家"，也会在父母不在的时候流露出焦虑情绪。

然而，与父母关系的疏离却扰乱了孩子的这些本能。孩子还是会在情感和亲近上有需求，只不过需求要由同伴来满足了。以前孩子焦虑父母在哪，此时孩子焦虑同伴在哪，而因为社交媒介的发达，孩子会依靠手机、电子邮件、网上聊天工具等解决这份焦虑。前面提到的梅兰妮，就是花了非常多的时间与同伴交流，她迫切想和同伴保持联系，这不仅占用了她的家庭时光，也影响了她的学业和其他方面，而且，也必然会缩短她的独处时间，而独处是激发她创造性与迈向成熟的必要条件。

让父母成为孩子的榜样

孩子是不是很崇拜你，总想模仿你的一切？

依恋父母的孩子，通常喜欢模仿父母的一言一行，并以有这样的父母为荣。

当孩子不接受自己的引导时，常常会觉得意外，甚至内心受伤，因为他们理所当然地认为，自己是孩子的向导。实际上，孩子只会把自己深深依恋的人当作模范。**我们的身份，我们对孩子的责任感，我们在孩子生命中所扮演的角色，都不足以让孩子模仿我们。孩子之所以想变成另外一个人，想崇拜一个人，依靠的是依恋**。这是我们必须注重依恋的原因，也是我们必须看见孩子到底依恋谁的原因。依恋会给孩子一种动力，孩子为了跟依恋对象产生心理上亲近，就会去模仿对方。

孩子生命中很多珍贵的自主学习，就是在这种情况下形成的，虽然潜在的动力并不是学习，而是为了亲近。有依恋动力时，这种自主学习无须父母特意去教，也不需要孩子拼命去学。但在缺乏依恋动力时，不仅父母教得勉强，孩子也会学得不情愿。我们设想一下吧，如果孩子每学一个词汇都需要父母专门来教，每一种行为都要父母特意纠正，每种态度都要父母有意培养，那么父母的工作量绝对难以承受，很快就会被压垮。而在实际中，依恋会自动辅助孩子完成这些事情，推动他们的学习。比如在学习一门外语时，如果孩子特别崇拜老师，学习时就会积极主动，并且会感觉很快乐。依靠这种依恋关系，父母和老师才能成为孩子的标杆人物。

当同伴成为孩子的主要依恋对象后，他们就成了孩子学习的航标，当然，他们不用为最终的结果负责。孩子会互相学习对方的语言、手势、行为、态度和喜好，这个学习的过程看似很有趣，但内容却缺乏控制。这种情形下，如果孩子的模范对象是积极向上的，孩子学到的东西或许还不算糟；但如果孩子向那些自身行为或者价值观都存在问题的同伴学习，结果就可想而知了。更严重的影响是，此时我们再想教孩子些东西，就会变得非常吃力，不但要刻意为之，而且过程既痛苦又漫长。

让父母成为孩子的引导者

孩子在学校屡屡被人打，他会第一时间向谁求助？

孩子写作业碰到不会的题目，会向你求助吗？

孩子被表白，第一时间他会告诉你吗？

孩子不可避免会迷茫，需要寻求航标，依恋则会让父母永远成为孩子的航标。

教养的基本任务之一，就是为孩子提供方向和指导。父母每天都会教导孩子什么能做、什么不行，什么算好、什么不好，什么应该追求、什么必须避免。孩子们也一直都在围绕"怎样做"和"做什么"进行着探索，但在孩子可以自我引导之前，他们确实需要有人给他们指路。

因此，问题的关键不在于教养方式有多高明，而在于孩子在自己的依恋程序中，设定的榜样是谁。如果孩子想要寻求指导的人并不是父母，那么父母即使再有智慧，再擅长循循诱导，也没有用。

教养有一个隐含的前提：孩子是以成年人为导向的，孩子是从父母或者老师那里寻求指导的。因此，所有教养研究的重点，都是父母如何为孩子提出方向。而这样的结果是，当孩子不听从教导的时候，大家很可能认为是父母的管教方式出了问题，或者是孩子的接受能力不强。这些原因在某些情况确实存在，但更多的情况则是因为更深层次的问题：孩子不依恋父母，当然不会听从父母的引导。身为父母，我们必须看见更深层次的问题，才能从根本上解决教养问题。

为孩子提供方向和引导孩子，不应该被父母视为一项充满挫折的重任，而可以是、也应该是一种自发的行为。谁充当孩子的航标，谁就自然能为孩子指明方向，这是孩子的本能在发挥定向作用。孩子会自动地从依恋对象的身上寻求指导，如果孩子的依恋脑是以父母为导向的，那么孩子就会从父母的表情、反应、价值观、语言和肢体动作中捕捉到各种线索。孩子会认真研究父母的各种行为，从父母身上找到处理事情的依据。依恋能让指导变得容易，有时甚至容易得出人意料。

依恋赋予的这种力量，有时会让父母觉得有些负担，但是孩子终归需要一个指导者，如果不是父母担此责任，还能是谁？至少，父母作为成年人和孩子的监护人，有能力也有责任去反思自己的言行，并且有可能弥补自己给孩子带来的伤害。而同伴如果充当了指导者的角色，他们不用承担任何责任，也不会为自己造成的不良影响内疚。

从孩子的角度来说，如果他的指导者是同伴，那么他便会努力迎合同伴对自己的期望，而同伴既不成熟，也没责任心，自然不会努力扮演好自己在关系中的角色。父母则不一样了，即使父母一开始思想不够成熟，能力有限，但是他们会受到榜样和指导者身份的鼓舞，不由自主地去提升自己，让自己变得更可靠。因此，父母必须看见，自己才是孩子真正的引导者。

有些父母会故意不给孩子提供指导，他们天真地认为，要让孩子有自我引导的空间。然而事实可没有他们想的那么美好，孩子只有先心智成熟，才能实现真正的自主。因此，父母应该根据孩子的年龄和成熟程度，给予他们指导，这样能让孩子更好地成长，如果父母不按照以上原则指导孩子，最终也会失去教养权威。管教任性的孩子本身已经很困难了，如果孩子既任性，又是同伴导向，那对父母来说，是无法管教孩子的。

让孩子愿意为了父母努力

孩子会为了你努力学习吗？

孩子会因为你越夸越努力，还是根本没有任何起色？

依恋，让孩子愿意看见父母亲切的笑容，愿意为了父母努力。

对父母来说，依恋起到的最大作用是：孩子愿意为了父母而努力。

孩子不听话的原因有很多，但最重要的一点，就是缺乏上进的动力。在教养孩子方面，依恋关系可以激发出孩子的上进心。成年人在评论某个孩子"好"的时候，会下意识地认为这种"好"指的是孩子的内在性格。这种想法是很危险的，一旦我们把孩子的上进心归因于他的自身性格，如果出现孩子上进心缺失的情况，我们就会把他视为"坏孩子"，怪罪和羞辱孩子。但其实，孩子的上进心并不是源自他的性格，而是和他的依恋密切相关。即使面对那些"坏"孩子，我们要纠正的也是他的依恋关系，而不是孩子本身的行为。这是我们在教养中必须看见的。

依恋会从很多方面激发孩子的上进心，激发的原因不同，所带来的影响也各不相同。其中"依恋意识"可谓是孩子天生的警钟，会时刻提醒孩子不要做让父母厌恶的事。具备这种依恋意识的孩子，会很自觉地不去碰触父母的底线。

依恋意识的核心是分离焦虑。当人们和自己的依恋对象分离时，依恋脑中的关键神经中枢就会警铃大响。于是，人们会产生一种不安的焦虑感。开始，这种感受只出现在空间上的分离，但随着这种依恋越发偏向心理层面，情感上的分离则会引发出更严重的焦虑。这个阶段的孩子，只要一面对或一想到父母的反对和失望，心中就会特别难过。凡是有可能让父母生气、伤心或疏远的事情，都会让孩子感到焦虑。

依恋意识的最基本作用，是让孩子和依恋对象保持联系。依恋对象并不是永远不变的，每一次变化，都会带动孩子的依恋意识重新调整。只有孩子已经成长到有了自己的价值观和判断时，他的依恋意识才会变得更加成熟和自主，才会在任何情况下、任何依恋关系中都能处理得当。

父母需要注意一点：孩子会因为和亲近的人产生情感分离，而感到伤心焦虑，这原本是个好现象，但父母一定不能故意利用这一点，不能为了让孩子变得听话懂事，而故意让他难过、内疚或者羞愧。父母如果滥用依恋意识，会在孩子的内心深处植入不安全感。虽然父母的初衷似乎是为了孩子，虽然这样做有时能取得一些短期成果，但代价实在太大。

孩子的依恋意识会出现错乱，并且造成错乱的因素有很多，不仅限于同伴导向。只不过，在所有原因中，同伴导向是最常见的原因之一。同伴导向的孩子，虽然他的依恋意识还在起作用，但父母已经无法通过依恋意识来规范他的行为了，与此同时，孩子为了保持和同伴的关系，会重新调整自己的依恋意识。

当孩子还要摆脱父母，从同伴那里寻求帮助的时候，孩子自然不再会想为了父母而努力上进。孩子的这种上进心，是让教养化繁为简的强大动力。想让孩子保持这种上进心，需要父母的悉心培养和充分信任。如果孩子心中存在这种上进心，而父母却不相信他，亲子关系势必受到影响。有些父母只要不赞成孩子的做法，就会指责孩子做得不好，这类指责很容易触动孩子内心的防线，伤害亲子感情，并引发孩子自卑。还有些父母或者老师，他们不相信孩子是心存善意的，认为要想让孩子听话，必须采取奖励或者惩罚的方式，这种情况下孩子也很难继续保持上进心。并且，这还是一种恶性循环，总是采用奖励或惩罚的外部诱导因素，很可能毁掉孩子美好的初心。

父母要充分相信孩子的上进心。父母的不信任，对孩子而言是极深的伤害，就好像撤掉了孩子航行的风帆，孩子自然没有动力去达到父母的预期。父母需要明白一点：为我们的信任赋予价值的，正是孩子的上进心，而不是孩子的能力。

不被看见的孩子，自我难以健全

Hold on to Your Kids

———
第二部分

第6章
逆反心理

身为父母，应该看见：

· 很多父母总是觉得别人家孩子听话，自己家孩子逆反，以为这是孩子的天生性情，其实并非如此。逆反，很多时候源于不被看见，所以孩子会跟父母对着干。

· 大多数和父母关系亲近的孩子，依然会反复出现逆反心理，但每次持续的时间都很短，并且逆反的原因也比较固定。

· 同伴导向下的对抗，和帮助孩子独立的自然逆反心理，这两者是截然不同的。

· 父母对孩子逆反心理最好的回应，就是：培养更牢固的关系，而不是依赖施压手段。

"你们说了不算。"面对父母提出的要求，7岁的克里斯汀已经学会了顶嘴。9岁的肖恩越来越不听话，甚至在卧室门上贴了一张纸条，上面写着："禁止入内。"青春期的梅兰妮则跟父母的话越来越少，她用肢体语言表达着自己的叛逆：一脸不高兴、耸肩，或者轻蔑地笑，特别是当父亲愤怒地命令她"别笑了"的时候，她显得更得意了。这些都是教养过程中父母经常看到的。

而我们看不到的是，一旦孩子不再依恋父母，就会反过来"和父母对着干"。日益疏离的亲子关系不仅颠覆了依恋的作用，还扭曲了孩子的另一种本能，奥地利心理学家奥托·兰克把这种本能称为"反意志"，即我们常说的逆反心理。

什么是逆反心理？它是人在受到强迫时产生出的本能，是一种自发的反抗心理。一个人觉得自己受到控制或者压制时，就会产生逆反心理。孩子两岁的时候，这种表现尤为明显，无怪乎很多父母觉得孩子此时变得顽劣，即我们常说的"可怕的两岁"。而到了青春期，逆反心理则表现为报复心态。

但逆反心理不是只出现在这两个阶段，事实上，人在任何年龄段都有可能出现逆反心理，即使成年人也不例外。究其原因，是因为没有人喜欢被控制，尤其是孩子。

逆反心理有很多表现形式。比如，学步期的孩子会本能推开不想要的东西；儿童则经常把"你说了不算"挂在嘴边，父母催促时纹丝不动，不服从或者顶嘴；青春期孩子则会使用各种肢体语言表达反抗；各年龄段孩子都会被动、拖延、和父母作对，等等。逆反心理还会表现为懒惰、缺乏动力，或是消极、好斗、激辩。很多受逆反心理支配的孩子，会不断地违反禁忌，甚至出现反社会的行为。归根结底，不管逆反心理的表现形式是什么，它的潜在动力都很明确——本能地反抗所有控制。

逆反心理给父母、老师及其他抚育者带来了数不清的难题。有时候，我们越是着急，孩子就越磨蹭；我们越是要求孩子吃蔬菜、打扫房间、刷牙、做作业，他们就越不愿意去做；我们越是劝诫孩子不要吃垃圾食品，他们就越偏爱垃圾食品。"你越让我吃青菜，我就越不吃。"一个逆反心理特别强的14岁男孩对父亲喊道。对这类孩子来说，父母的期望越高，他们的逆反心理就会越强。即使孩子不是同伴导向，跟父母的关系很亲密，但只要是感到自己被强迫了，也会出现逆反心理，更何况那些和父母并不亲密的孩子了，他们表现得更为逆反，以反抗成年人利用权威整天"管东管西"。

亲子关系减弱，逆反心理增强

逆反心理能得到缓解吗？

能，但必须满足一定前提。如果原生的依恋关系没有被取代，那么孩子逆反心理是可以缓解的。举个例子来说，热恋中的人因为和爱人建立了依恋关系，所以即使爱人表现得有些出格，他也会欣然接受。同理，依恋父母的孩子，会把父母的期盼看作表现自己的机会。这时，父母引导孩子，孩子一般很乐意接受。

相反，没有了依恋关系，事情就会变成另一番模样。当依恋关系消失之后，孩子会把父母的期盼视为压力，把父母的引导当成摆布，还会把自己的服从看作妥协，尤其是那些还不成熟、不清楚自己想要什么的孩子，更会这么想。其实，即使是一些相对成熟的成年人，也会有这样的感觉，所以我们不能苛责那些还没长大的孩子。也正因此，父母在没有形成亲密关系的情况下，就对孩子发号施令，基本等于自讨没趣，甚至是自取其辱。孩子的想法很简单，你没在他的关系范围内，你就是陌生人，而陌生人的命令当然可以不听。对青春期的孩子来说，同样如此。尤其对那些有同伴导向和逆反心理强的孩子，更是一点都"不想受人摆布"。成年人通常会觉得，这些叛逆的孩子已经无可救药了，而医生则把这类孩子贴上"对立违抗障碍症"的标签。我们往往看不到，问题的根本并不在此，而是依恋关系出了问题。

如果想从根本上看清孩子反抗的实质，就必须看到，反抗和自己不亲近的人，这是人的本能。基于此，跟父母关系疏远的孩子，最容易反抗父母。即使父母的要求很合理，他们也会本能地拒绝，或者消极应对，做出各种叛逆行为。逆反的另一面是顺从，父母都希望孩子顺从，而孩子也确实天生就具有顺从性，但前提必须是自己依恋对方，否则没有顺从的可能。有很多父母总是觉得别人家孩子听话，自己家孩子逆反，以为这是孩子的天生性情，其实并非如此。逆反，很多时候源于不被看见，所以孩子会跟父母对着干。

对于同伴导向的孩子，即使父母一言不发，也会激起他们的逆反心理。如果说世界上有个人能看穿我们的想法，随时知道我们想让他做什么，这个人一定是我们的孩子。即使父母被同伴取代了，孩子读取我们想法的能力也不会消失，消失的只是亲密的关系。关系一旦消失，孩子不仅不会顺从，连那份服从自己父母的渴望，也会被完全相反的东西所代替。

让克里斯汀、肖恩和梅兰妮的父母困扰的，就是这种被同伴导向扭曲出的逆反心理。只要父母稍微提出一点要求，他们就会很生气。父母越觉得重要的事情，他们就越不愿去做。比如梅兰妮的父亲越想控制女儿，女儿就越叛逆。与其说父母的管教方式有问题，倒不如说在同伴导向下，反抗本能自然呈现在了这些孩子身上，甚至超出了人们的预期。

逆反心理的双重作用

虽然父母会苦恼于孩子的逆反，但和人类所有的本能一样，逆反心理在某些条件下也能发挥出积极甚至关键的作用。

逆反心理对孩子的发展，起着双重作用。首先，逆反心理是一道屏障，它能帮助孩子抵制依恋对象以外的人，保护孩子不受陌生人的误导和控制。同时，逆反心理也能促进孩子的自我意志和自主能力的发展。刚出生的婴儿特别无助，需要依靠他人才能活下去，但是随着自我的逐渐成熟，他们有了自己的意志，变得自律自主。从婴儿到成年人，是一个漫长的过程，当孩子出现与父母分离的意愿时，恰好说明他们开始有了自我意志，要成长了。

人类的逆反心理最早出现在学步期，而孩子的个性也是在这个时期开始发展的。本质上，学步期的孩子在自己周围建起了一堵写满"不"的墙。在这堵墙里的孩子，会开始反抗父母的意愿，慢慢发现自己的喜好。从这个角度说，逆反心理就像是为了避免人们踩踏，而在小草周围竖起的篱笆。幼儿是很脆弱的，需要人百般照顾，逆反心理是大自然为孩子设置的一道防护栏，这道防护栏会一直保护他们，直到他们足够成熟，可以抵抗住外力的作用。没有这道防护栏，孩子很难度过人生的最初阶段。父母只有看到逆反之下的脆弱，才能真正理解孩子，掌握教养的不二法门。

到了青春期，逆反心理会帮助孩子减少对家庭的心理依赖。一个人想知道自己需要什么，首先要知道自己不需要什么。借助逆反心理培养自我意志，是孩子自我发展的一种需求。通过屏蔽父母的期望和要求，逆反心理为孩子培养自我意志创造了空间。可以说，逆反心理是一种正常的反应，所有孩子都会有逆反心理，即使和父母关系亲近的孩子也是一样。

那些总是觉得孩子太逆反的父母大概没想到，大多数和父母关系亲近的孩子，依然会反复出现逆反心理，但每次持续的时间都很短，并且逆反的原因也比较稳定，一般都是父母施压过大造成的。在教养过程中，这类情形不可避免，睿智敏感的父母会把这类情形出现的次数控制在最小范围内,并尽量不把自己的意愿强加给孩子。但如果父母不了解依恋的力量,也看不见逆反心理背后的动力,就感受不到这两种力量的界限,会在不经意间越界。

比如,有的父母把孩子的顽固任性当成是自我意志强的表现。"我的孩子很有主意,"许多父母说,"他想要什么的时候,就会一直跟我提要求,直到我答应或发怒为止。"然而事实上,"意志"指的是人知道自己想要什么,继而克服重重阻碍直至其实现的能力,小孩子根本没有什么意志可言。这些父母描述的,完全不是意志,而是欲望的执念。执念和意志有相似之处,它们都很执着,但除此之外两者再没有什么共同点。人的无意识为执念提供了力量,并支配着个人做出种种举动,而真正有自我意志的人,是可以控制自己意识的。所以,孩子对父母的反抗并不是个人意志的表现,相反,这种反抗倒意味着意志的缺失。这是我们通常没有想到的。因为意志缺失,孩子只会做出机械反应,而不是自由、有意识地做出选择。

反过来,当逆反心理不再以无意识对抗的形式出现,而是能以有意识选择的形式表达时,逆反心理就会给孩子的自我发展带来诸多好处。这时,孩子拒绝别人的帮助,是为了自己独立完成某件事;拒绝别人的指挥,是为了自己找到做一件事的动力;拒绝别人的指导,从而自己探索做事的方法和想法;拒绝父母口中"应该做的事",是为了发掘自己的喜好。当然,这种有意识逆反和真正独立之间的转变,必须具备一个前提,那就是孩子要能从与父母的关系中感受到足够的安全感。

一个5岁的孩子，听到父母告诉他"天空是蓝色的"时，第一反应可能是坚决否认。这时，有的父母会认为孩子在故意找碴儿，但实际上，孩子只是单纯地想清除任何不属于自己意见的东西。他在本能地拒绝任何新鲜事物，以便腾出空间来形成自己的想法。虽然最终形成的想法是一样的——天空是蓝色的，但这个过程，却锻炼了孩子成长过程中最重要的一个东西——独创性。

逆反心理为孩子的独创性提供了一套"心理免疫系统"，能抵抗所有自己之外的思想。这时，只要父母为孩子留出一些空间，看见和满足孩子自主和依恋的需求，孩子的个体就会得到有利的扩展。如果父母做到了这些，即便孩子的逆反心理不是很好控制，也不会干扰到亲子间的正常交流，反而能促进孩子的成熟和独立。

如果一切进展顺利，孩子会越来越成熟，随之而来的，是他们的依恋需求逐渐减弱。一个正处于成熟过程中的孩子，会变得异常敏感，忍受不了父母的指手画脚。他的想法、界限、价值观、决定和愿望时刻需要被认可，被看见，被回应，否则他会觉得自己被小看了。而当孩子的独立个体没有得到承认时，他会公然反抗，但这是一件好事。孩子在避免成为其他人的影子，即使是父母的影子也不可以。逆反心理帮助孩子成长为一个自主、新鲜、独立、充满活力的人，成了一个即使脱离了依恋关系，也能独立生活的人。

随着孩子实现了真正独立成熟，他们的逆反心理也会慢慢消失。因为成熟的人更能忍受复杂的情感，而且能让这些情感共存：比如独立与依恋就可以同时存在。一个真正成熟、拥有自我意志的人，在面对不同想法时，不再是条件反射地大声反对，而是会辩证地看待问题。如果别人的想法有道理，他会去思考；如果别人的想法没有道理，他会坚持自己的看法。

虚假的独立

前面所说的这些美好的本能，会随着亲子关系的淡化而变得扭曲，孩子的自然成长也会因此被扰乱。这种情况下，逆反心理不再能帮助孩子形成自主性，而变成了孩子的武器，让他避开不愿意亲近的人。对孩子来说，这个不愿意亲近的人显然就是父母或老师。这时，逆反心理不仅不能为孩子的独立创造空间，反而成了他们疏远父母的理由。在同伴导向的影响下，逆反心理调转枪口，破坏了孩子独立的根基——和父母的健康亲子关系。

而更严重的是，我们常以为这种被同伴导向扭曲出的逆反心理是正常的，甚至以为这是一个人自主性进步的标志。然而，父母必须看见，同伴导向下的对抗和帮助孩子独立的自然逆反心理，这两者是截然不同的。同伴导向孩子的反抗，并不是十几岁孩子的正常叛逆。这种反抗常表现为：顶嘴、不配合、不断争吵、不服从、躲避、自我封闭、反社会和叫嚣"你管不了我"等。这些孩子每和父母亲近一步，反抗就会变得更加明显和强烈，因为他们只反抗父母。

尚未成熟的孩子，在寻求自我发展时，会反抗任何形式的压迫，包括同伴带来的压力。正常的逆反，最终目的是真正的独立。人不会为了屈服一个人的意志，而从另一个人那里寻求自由。同伴导向下的反抗，孩子追求的自由不是为了做自己，而是为了迎合同伴。这种孩子，如果发现自己的感受和想法与同伴不同，他会选择压抑和伪装。父母只有看到这两种逆反的区别，才能真正理解孩子是否有同伴导向。

比如，十几岁的孩子想和朋友在外边待到很晚。问题是，孩子的这个想法是为了迎合朋友，还是真的是他自己的想法？他愿意和父母讨论这件事吗？他尊重父母的意见吗？有其他重要的事或家庭活动，或者想自己待着的时候，他能对朋友说不吗？同伴导向的孩子很难说"不"，因为他们受不了别人干预自己的事情。只要受到干预，他就会很恼火，尤其是影响了自己在同伴面前的形象时，他就会猛烈反弹，开始怨恨和对抗父母。

而此时的父母，很可能因为一开始就没找准自己的定位，看不到这种对抗是被扭曲的，误认为这是青少年正常的自我发展。在应该给孩子自我发展创造空间的时候，在应该允许孩子从错误中吸取教训的时候，很多父母就这样选择了放弃。而在另外一些情况下，父母是因为对孩子极度的愤怒或沮丧，也选择了放弃。这些放弃，都是悄无声息的，没有任何通知，也没有任何仪式。

然而，过早放弃意味着父母无意间抛弃了一个特别需要父母、但并不自知的孩子。如果这时，我们能分清什么是同伴导向的反抗，什么又是自然的逆反心理，就会理解孩子真正的需求，重新找到自己的定位，夺回自己的教养权利，帮助孩子实现真正的独立。这就是看见的力量。

示威和屈服

父母还存在着另外一种误解，就是把孩子的逆反看作孩子对权利的渴望，认为这是孩子在示威。因此，一旦父母的教养权威不起作用时，会自然地认为是孩子夺走了权利："我不是掌控者，那孩子肯定是；我没有这种权利，那孩子肯定有；我不处于主导地位，那孩子肯定处于。"这时的我们，没有找到自己权威丧失的真正原因，却只盯着孩子是否有控制权。有些父母更极端，觉得婴儿是无所不能的：控制别人的行程，打乱别人的计划，打扰别人睡觉，主宰一切。

只要父母产生了跟孩子争夺权利的想法，必然同时看不见孩子真正的需求。孩子"试图控制"我们，其实是他们需要依赖我们。如果他们真的像我们想象中那样，有能力从我们手中争夺权利，又何必故意向我们示威。

面对这类看似"强势"的孩子，父母会和孩子在遇到强劲对手时做出同样的举动：一样会退缩、拒绝、反抗和对立。压迫激发了父母的逆反心理，随之引发的，是父母和孩子之间的权利争夺大战。这场争夺战中，我们看到更多的是各种意志被反抗，而不是得到顺应。而大战的结果就是，原本迫切需要父母的孩子，反而得不到父母的帮助。而父母呢？父母的抗拒只会刺激孩子提出更多要求，进而不断破坏亲子关系，教养最大的也是唯一的成功希望，也因此被夺走了。

当父母把孩子的反抗当成是"示威"，就会心安理得地采用施压的方式来管教孩子。可以说，父母是在用力量对抗力量。对抗中，父母的举止会变得夸张，音调飙升得很高，利用所有可能的手段，去对孩子提更多的要求。

父母给孩子施加的压力越大，对方被激发出的逆反心理就越强烈。如果我们的行为引发了孩子的焦虑情绪，他们就会警觉地嗅到自己一段重要的依恋关系正受到威胁，恐慌之下，他们会赶紧维持和父母的亲密联系，跑来跟父母弥补关系，努力赢回父母对他们的青睐。这时，我们这些做父母的，很可能会很满意地觉得：自己的施压奏效了，自己能让孩子"乖乖听话"。但其实，孩子的屈服是有代价的。我们的怒火和威胁会给孩子带来不安全感，从而削弱原本亲密的亲子关系。我们对孩子施加的压力越大，亲子关系遭受伤害和摧残的程度也就越大。而亲子关系越脆弱，我们被别人取代的风险也就越大。可以说，孩子的逆反心理，主要原因不仅是同伴导向，还有我们对待孩子逆反做出的判断和反应。

助力还是压力

当人们感到力不从心时，会本能地向外寻找助力。比如，石头推不动时，我们会找支点和棍子。在管教孩子上，父母也会寻找助力，其方式一般分为两种：贿赂或者威胁。当"我想让你把桌子放好"这种简单指令不起作用时，父母就会加上一点奖励来贿赂孩子："如果你帮我把桌子放好，你可以吃最喜欢的甜点"。如果奖励还不管用，父母可能会用到威胁，比如取消一些特权、用强迫的语气或表现出更加生气的样子。说到教养的助力，父母采取的方式可谓是五花八门：处罚、奖励、取消特权、禁止玩电脑和玩具、不给零花钱、强制孩子和父母或者朋友分开、限制或取消看电视、不让用车，等等。经常有父母跟我抱怨："所有的惩罚方式都试过了，我现在都不知道自己还能惩罚他些什么。"

教养权威越是微弱，我们就越依赖助力。当然，我们给这些助力行为都做了一番粉饰：贿赂是奖赏、激励和积极的肯定；威胁和惩罚是必要的警告；从心理上给孩子施压，是在规范孩子的行为或让他们明白教训。

当内在力量不够强大时，我们会不由自主地借助外力。依恋所产生的力量，是由内而外自然产生的，而外在助力则是从无到有人为强加的。在其他方面，我们会容易识破这些外在助力，并将其视为操纵的手段。而在教养方面，我们却认为这些让孩子听话的外力，是正常且合理的，应该受到追捧。

但是，无论是采用奖赏这类的"正面"压力，还是采用惩罚这类的"负面"压力，都不可避免地会给孩子造成心理压力。所有利用孩子的喜好、厌恶和不安全感而让孩子屈服的手段，都是在给孩子施压。只有缺乏内力（依恋的力量）的父母，才会不断地求助外力。但在我看来，父母即使动用了这些手段，也应该是最后的选择，而不应该是第一反应，更不应该成为惯用伎俩。不幸的是，在面对同伴导向的孩子时，父母们内心因为绝望只能去求助外力。

不管是奖赏还是惩罚，本质都是一种控制。控制只能让孩子暂时听话，而无法让孩子形成良好的习惯。让孩子说谢谢或抱歉、和别人分享、制作礼物或者卡片、打扫房间、感恩、写作业、练钢琴，这些行为越是带有强迫性，以后他们自己主动做的概率就越小。恶性循环在于，孩子越是不主动，父母越会借助外力进行施压，孩子感觉压力大，于是做出更逆反的行为，父母只能借助更多的外力。这是一种螺旋式负面增长，最终损害的，就是教养的根基——亲子依恋关系的力量。

实验研究和现实生活中，我们都能找出大量的证据表明，抚育者一旦希望通过心理施压或者控制来实现浅层的目标，逆反心理都将破坏目标的达成。

有一项研究，专门对爱玩《荧光涂鸦》游戏的学龄前孩子进行了测试。这些孩子被分到不同的小组：第一组一开始就得到一个承诺，游戏后会得到一个表扬的证书；第二组没有事先得到承诺，但是在游戏后也得到了证书；第三组则既没有事先得到承诺，事后也没有得到证书。测试了几周后，测试者一直没有提及奖品的事情，受到"积极肯定"的前两个组，玩游戏的热情都渐渐变弱了，远不如一开始高。孩子的反抗本能决定了即使实验者施加"正"压力，也会取得适得其反的效果。

在另一个相似的实验中，心理学家爱德华·德西观察了两组大学生玩猜谜游戏时的表现。其中一组学生每解开一个谜，就会得到一笔金钱作为奖励，另外一组则没有额外的奖励。实验证明，他们一开始都对这个游戏非常着迷，但一旦停止了金钱奖励，第一组放弃游戏的概率远远高于第二组。"奖励可能会让学生更愿意玩游戏，"德西博士写道，"但前提是奖励一直存在。只要停止奖励，游戏立刻停止。"

把孩子的逆反看成"示威"，看不到逆反背后的心理因素，父母可能永远都无法理解孩子。面对孩子的逆反心理，这些父母只会感觉自己越来越无力，质疑自己的能力，把孩子看成是善于操纵、控制甚至玩弄权利的人，看成是自己的对手。

身为父母，我们要尽量克服上面提到的这些表现。如果孩子拒绝或者表示出傲慢，尽量不要用生气、绝望和压力来回应他们。我们必须明白：在孩子受到强迫或者吸引时，他们的任何表现，都只是本能反应。除此之外，我们还要意识到此时的依恋关系已经弱化了。问题的本质不是孩子对我们的蔑视态度，而是关系疏离改变了孩子的心理，所以他们才会与我们作对。看到表面，见到心里，才能从根本上理解孩子。

所有的亲子冲突，都源于孩子感觉不到父母的爱，都源于内心不被回应。因此，父母对孩子逆反心理最好的回应，就是：培养更牢固的关系，而不是依赖施压手段。

第7章
逃避感受

身为父母,应该看见:

· 比起与父母关系亲密的孩子,与父母关系疏离的孩子更容易受到情感创伤。

· 依恋是孩子最迫切的需求,也是最强大的动力,然而也是最容易让他们受伤的原因。

· 作为父母,即使明知关系都具有不确定性,依然应该努力为孩子提供同伴无法提供的东西:一种无须通过取悦的、让自己舒服的、在任何情况下都能获得同等回应的关系。

有一次,我在儿子的高中食堂吃午饭,很惊讶地发现,那里的气氛竟然和青少年监狱的食堂氛围有些相似。餐厅里这群青少年的仪态、手势、语气和同伴的互动方式都很怪异,他们努力表现出一种无坚不摧的感觉，好像什么都伤不到他们。但在我这个成年人看来，他们的自信里透着逞强，一方面让人感觉无懈可击，另一方面又给人一种肤浅的感觉。

青少年的朋友圈文化，终极标准就是"酷"。而这种酷的重要内容，就是要做到完全不表露自己的情感。朋友圈中最受崇拜的人，一定是那个假装不惊慌、不害怕、不害羞的人，他最常挂在嘴边的必然是"没关系""不在乎"和"无所谓"。

脆弱这个词来源于拉丁语 vulnerate，意为受伤。人类是最脆弱的生物，这种脆弱不仅是身体上的，还包括心灵层面。人类的正常心智，本身就具备强大的心理防御机制，所以在某些情况下，人会伪装自己，避免让自己产生脆弱感。比如遇到一件痛苦的事情，我们会用幻想来暂时麻痹自己，减轻痛苦感。等到重新体会到安全感之后，人就会脱掉盔甲，展现出更加柔弱和真实的一面。这都属于正常的心理防御机制。

然而，青少年却完全不符合心理防御机制的标准。他们的韧性和冷酷态度，不是表演，也不是伪装，更不是正常的自我保护，而是真的情感冷酷，以至于在任何情况下都无法展现自己脆弱的一面。之所以判定他们不是伪装，是因为大多数青少年并未体验过真正的受伤和心痛，他们能意识到的情感体验很有限，根本没办法伪装。

而那些确实能正常体验到情感，能感受到伤心、恐惧、失去和被拒绝的孩子，为了避免自己被嘲笑和攻击，则在同伴面前慢慢学会掩饰自己，并最终发展成一种逞强心理。逞强心理一旦形成，便不再是他们的伪装方式，而是成为他们个性的一部分。这种逞强心理对孩子的学习和发展都会造成影响，比如：丧失好奇心，不会无拘无束地发问，缺乏发自内心的学习热情，缺少创造力。而其中最深刻、也最容易让孩子受到伤害的影响，则是渴望在学校在内的任何场所都能坚强、不被伤害。有这类心理的孩子，无法按照自己的情感需求，正常使用心理防御机制。心理防御不是他们保护自己的武器，而变成了他们最终的个性。

感知不到脆弱，也是一种心理创伤

很多受过心理创伤的孩子，在创伤过后就再也体验不到情感，也感受不到自己的脆弱。这是因为他们受到的心理创伤数量太多、程度太强，以至于他们丧失了知觉，习惯用逃避脆弱来武装自己。孤儿、多次被不同家庭收养的孩子、经历过失去亲人或受过虐待和忽视的孩子，最容易出现这种极端的情感冷酷。之前经历过的种种创伤，让这些孩子在无意中形成了强大的防御心理机制。

然而奇怪的是，很多孩子并没有经历过任何创伤，但也会有着相同程度的防御心。他们似乎也都会封闭自己，表现得很冷酷，以免受伤害。经历不同的两类孩子，为什么会出现相似的情况呢？

在讨论这个问题之前，我们来先理解两个概念："抵御脆弱"和"逃避脆弱"。两者都指的是人在被脆弱感控制后，大脑做出的本能抵御反应。不过，这种抵御，只是大脑在抵御脆弱的感受，而不是真能抵御住脆弱本身。现实是，大脑是无法保护孩子不受伤害的，最多只能让他们感觉不到受伤。"抵御脆弱"和"逃离脆弱"的原理，就是用大脑去除感觉，断开孩子与创伤感之间的联系，以弱化他们对创伤的感知。我们每个人可能都经历过这种情感麻木，但是，当孩子的这种情感麻木不是一种临时的反应，而变成了一种持续的状态时，就会对脆弱产生下意识的抵御心理。

比起与父母关系亲密的孩子，与父母关系疏离的孩子更容易受到情感创伤，其原因有4种，接下来我们会详细讲解。但无论原因如何，受伤的结果就是：与父母关系疏离的孩子会选择逃避脆弱，产生防御性的冷酷和无所谓的态度。

与父母关系疏离的孩子，失去了天生的抗压保护

与父母关系疏离的孩子之所以更容易受伤，第一个原因是：他们失去了天生的力量源泉和自信心，没有了抵御伤害和疼痛的情感屏障。

除了重大创伤之外，孩子日常的生活也会出现各种伤害：被忽略、被排挤、达不到别人的期望、没人支持、没人喜欢、被羞辱或者被嘲笑。保护孩子抵御这些压力冲击的最佳屏障，是孩子对父母的依恋。只要孩子不依恋那些蔑视自己的人，受

到伤害的概率就相对较小,即使在遭受别人的奚落后,孩子也会受伤流泪,但这种影响持续的时间会很短。依恋父母的孩子,更在乎的是父母发出的信息和指示,所以在遭遇打击或者伤害后,他们会先从父母那里寻求帮助或指导,然后再决定自己要不要把这些事放在心上。孩子与父母的关系只要是亲密的,那么即使发生再糟糕的事,因为有父母的保护,孩子也不会过于悲伤。总之,对父母的依恋,可以保护孩子的情感不受外部世界的伤害。

一位父亲跟我讲述了他儿子布拉登4岁时候发生的一件事,那件事让他第一次感受到依恋的强大力量。"布拉登想在社区联队里踢足球。第一天训练,球队大一点的孩子对他各种为难。听到那些孩子奚落嘲笑我儿子的时候,我感觉自己变成了一个保护欲超强的爸爸,很想冲过去教训一下那些少年。但这时,我看到布拉登挺直了小身板和他们对峙,双手放在背后,抬头挺胸,对着那帮孩子说:'我不是愚蠢的笨蛋!我爸爸说我是足球运动员。'"

这位父亲对孩子的评价,比他直接出手更有效地保护了自己的孩子。在孩子心里,父亲的认可意味着孩子的内心被看见了,让他可以忽略其他孩子对自己的侮辱。相比之下,不依恋父母的孩子,因为内心没有被看见,也就不具备这道保护屏障。

当然,这种依恋也会有另一方面的作用。对父亲的依恋,可以保护布拉登免于在人际交往中受伤，但也会让他对父亲的言行非常敏感。一旦父亲贬低、羞辱、蔑视他，内心的欲望被蔑视和压制，他就会彻底崩溃。对父母的依恋，一方面会让孩子在亲子关系容易受伤，另一方面，则会保护孩子在其他关系中更有韧性，这种依恋会展示出内外两个方面的作用：关系内脆弱，关系外坚强。依恋把世界上的人分为"会伤害你的人"和"不会伤害你的人"两类，它既是一道屏障，又是一把利剑，而这也体现了人类生存的两大主题——依恋和脆弱性——是齐头并进、息息相关的。

作为父母，首要任务是保护孩子不受身体上的伤害，而更重要的，则是看见其内心，从而有力地保护孩子。虽然心理上的创伤没有身体上那么明显，但受伤的可能性却更高。即使是成年人也会因为依恋关系而受伤，更别说那些依赖性很强的孩子，他们更需要亲密的依恋关系。

依恋是孩子最迫切的需求，也是最强大的动力，然而也是最容易让他们受伤的原因。依恋是一个脆弱的领域，孩子越依恋一个人，就越可能受到伤害。但这也能帮我们找出同伴导向的孩子更易受伤第二个原因。

与父母关系疏离的孩子，更容易被同伴伤害

与父母关系亲密的孩子，在亲子关系中容易受伤，而与父母关系疏离的孩子，更容易被同龄人伤害。孩子在失去了

亲子依恋的屏障保护后，会对其他孩子的行为和言语变得高度敏感。可孩子之间的交流是毫无忌惮、体贴与文明可言的，当同伴取代父母的位置后，这种肆意的交流很容易击垮孩子的理智和情感。想象一下，我们这些成年人如果每天都要面对朋友的背叛、疏远、蔑视，我们会如何应对？这样一想，就能理解为什么与同伴关系亲密的孩子在受到伤害后，会选择封闭自我了。

孩子被同伴拒绝，会产生很多负面影响，其中自杀率的飞速增长，尤其让人触目惊心。

当心理医生的时候，我接待的第一个病人是一名成年人。他曾经在小学受到同龄人的虐待。他也不知道为什么那么多孩子会让他做替罪羊，不断地找他麻烦。慢慢地，他患上了很严重的强迫症，无法正常生活。

比如，他不能忍受任何和数字 57 相关的东西，因为 1957 年是他被同伴虐待最严重的一年。如果生活中出现这个数字，他就要进行复杂的驱除仪式，否则根本没有办法像正常人一样生活。

许多像他一样儿时被人当作出气筒的孩子，都被同伴的排斥和虐待深深伤害了。

导致上述问题的罪魁祸首，是来自同伴的拒绝。拒绝的形式包括孤立、排斥、侮辱、奚落等，而无论是哪种拒绝，都会让孩子陷入自我怀疑的旋涡。很多父母都害怕自己的孩子没有朋友或者不被同伴尊重，但这种恐惧掩盖了两个关键问题：让孩子变得如此脆弱最主要的原因，到底是什么？为什么孩子会对脆弱如此敏感？

让孩子变得脆弱的，是依赖情感出了问题，而不是同伴不顾及他人感受的言行。透过表象看到内里，我们才能发现真实的原因。很多人只关注同伴带给孩子的影响，而看不到背后的原因。如果孩子的主要依恋对象是父母，那么父母的认同对他的幸福感至关重要。一旦得不到父母的喜爱，心理欲求不被理解和看见，孩子的自尊心会遭遇致命的打击，亲子关系不牢固时，孩子不仅失去了可以保护自己的盔甲，还同时往同伴手里递了一把剑。这种情况下，孩子很容易被压垮，内心的伤痛也是普通孩子难以承受的。

保护孩子的最好方法，是培养他对成年人的依恋，即使青春期的孩子也是如此。美国曾进行过一项研究，从80个社区里选取了9万名青少年，研究发现，情感上高度依恋父母的青少年很少出现吸毒、酗酒、自杀、施暴或者早期性行为等问题。换句话说，这类孩子因逃避脆弱而出现问题的危险，会大大降低。而保护他们的，正是和父母之间牢固的依恋关系。在父母的保护下，他们坚信自己的脆弱会被看见、被理解，因此抑郁情绪也会得到缓解。

美国著名的心理学家朱利叶斯·西格尔是研究年轻人适应能力课题的先驱。结合全球范围的相关研究，他发现：保护孩子的最重要因素，是"他们的生命中有一个有魅力的成年人，一个他们认同并能给予他们力量的人"。西格尔还说：

"亲子之间如果没有一条坚不可摧的关怀纽带，那么做什么事都不会成功。"

与父母关系疏离的孩子，无法表达脆弱

与父母关系疏离的孩子易受伤的第三个原因是，每当孩子表现出任何脆弱，都会受到那些已"百毒不侵"的同伴的攻击。

举一个极端的例子。在对青少年暴力犯进行心理辅导时，我的一个主要目的就是让他们放下戒备，感知自己的创伤。一个疗程成功后，他们会卸下防备，感知到一些潜在的伤痛，表情放松下来，眼神柔和，眼睛里开始有了泪水。对大部分孩子来说，这是他们多年来第一次流泪。尤其对那些不习惯哭泣的孩子来说，泪水对他们面部表情和眼神产生的改变更加明显。

一开始，我没想那么多，治疗结束后就地把他们立刻送回房间。但是，接受过心理辅导的孩子脸上明显都写着"脆弱"两个字，会引起其他狱友的注意。这时，那些逃避脆弱的孩子，就会忍不住攻击这些刚哭过的孩子——他们像攻击敌人一样，攻击那些面露脆弱的孩子。很快，我学会了对孩子采取保护措施，确保他们的脆弱不被别人发现。很幸运，我的办公室隔壁就是厕所。有时，为了不让人看出他们曾哭过，他们会在里面花上一个小时冲脸，尽力让人看不出表露情绪的痕迹。即使他们的防御心理已经没那么强了，还是要装出一副不会受伤的样子，以避免遭受更多的伤害。因此，我的部分工作就是帮助孩子区分什么是伪装的坚强，什么是内在的脆弱防御机制，前者是为了避免二次伤害，后者则会阻碍他们感知自己的情感。

与父母关系疏离的孩子，他们所处的环境虽然没有这么极端，但同样会有类似情形出现。脆弱的孩子通常会被攻击，不是被拳头攻击，而是被言语羞辱。因此，很多孩子很快就学会掩饰自己的短处、敏感、脆弱，以及惊慌、恐惧、焦虑、需求甚至是好奇心。最重要的是，他们永远不能表露出自己被对方的取笑伤害到了。

卡尔·荣格说过，我们在自己身上最不愿意看到的东西，往往最容易拿来攻击别人。如果我们的弱点是脆弱，那么每当我们感知到它的存在时，就会拿来攻击别人，即便对方是我们最好的朋友。孩子惊恐的表现，会招来同伴言语上的奚落，比如被叫作"胆小鬼"。泪水会带来嘲笑，好奇心也遭到同伴的白眼，或是被他们称为怪咖或者傻瓜。而表现出脆弱，则可能会一直被取笑。在习惯掩饰脆弱的人的面前，诉说自己遭受的伤痛或者表现出在乎某件事，是一件有风险的事。和情感麻木的同伴在一起，任何敞开心扉的表达，都很可能被他们攻击。

同伴关系，本身就是不安全的

与同伴关系亲密的孩子容易受伤的第四个原因，也是更根本的原因，就是：同伴关系本身就是不安全的。即使孩子们不互相伤害，同伴导向所隐藏的脆弱性，也会让孩子难以应对，而这种脆弱性来自同伴关系的不稳定本质。

任何关系都存在失去的风险，得到的越多，失去的可能性就越大。维持亲密关系，不像绑绳子或拴住一条船那样，不是只要抓紧了就算是固定了。在任何一段关系中，我们都无法控制接下来会发生什么，谁都不确定明天是否被需要、被宠爱。

但作为父母，即使明知关系都具有不确定性，依然应该努力为孩子提供同伴无法提供的东西：一种无须通过取悦的、让自己舒服的、在任何情况下都能获得同等回应的关系。要让孩子知道，无论怎样，自己始终是被父母接纳的，被父母看见。我们提供给孩子的无条件接纳，正好是同伴关系中缺少的。

同伴关系本身，会让孩子因为害怕失去而变得脆弱。在同伴关系中，孩子没有成熟的人可以依靠，没有真挚的承诺可以信赖，也不存在为对方负责的意识。不稳定的依恋关系，让孩子不得不面临残酷的现实：如果我不和同伴联系会怎样呢？如果我和同伴的关系不好该怎么办呢？如果我不赞同小伙伴的所作所为该如何呢？为什么我的朋友更喜欢他而不是我？以上这些都是与父母关系疏离的孩子经常会焦虑的事，并且这些担忧随时都会变成现实。

依恋同伴的孩子，最关心的是谁喜欢谁、谁更喜欢谁、谁想和谁在一起。他们和同伴之间的关系容不得半点背叛、分歧、不同或者不友好。为了维持和同伴的关系，他们宁愿压抑自己真正的个性。当同伴取代父母后，孩子心中的不安全感会越来越强烈，直到这种不安全感把自己压垮。这种压垮的结果未必清晰可查，很多看起来从不会脆弱的孩子，其实早已经被压垮了。为了隐藏遭受的折磨，他们故意变得异常冷漠，最终连自己都麻木了。这时候，孩子的内心痛苦被压制，更难以被父母看见，教养变得越来越困难。

在"依恋三部曲"的第二部《分离》中，有10个寄宿托儿所的孩子，分别和母亲分离了12天到21周，当他们再次见到母亲时，约翰·鲍尔比记录了见面时的场景。

孩子和母亲分离，都是由于家庭出现紧急情况，以至于没有其他监护人，绝不是因为父母想遗弃这些孩子。

母亲离开后的最初几天，孩子们表现得很焦虑，到处寻找母亲。慢慢地，他们变得很听话，甚至消沉，然后，一切似乎都变得正常了。他们开始玩闹，和看护人互动，接受大人给予的食物和呵护。然而，分离所带来的情感创伤，只有在母亲回来时才会显现出来。几周后第一次见到母亲时，10个孩子都表现出了明显的疏远行为。有两个孩子似乎已经不认识自己的母亲了，其他 8 个孩子见到自己母亲时，会转过脸去或者直接从她们身边走开。这些孩子要么在哭，要么泪水在眼睛里打转；有些则是一会儿满脸泪水，一会儿面无表情。约翰·鲍尔比把孩子的这种表现称为"冷淡"。这种冷淡有一种反抗的意图，在表达着这么一种意思：你不在的时候，我太痛苦了，这种感觉我不想再经历第二次，我要用冷漠把自己包裹起来，对爱无动于衷，对痛也是如此。我再也不想受到这样的伤害了。

鲍尔比还指出，父母因为压力、焦虑、沮丧或者专注于其他事情时，可能会出现身体陪伴着孩子，心灵却已经缺席的情况。但在孩子看来，这其实很重要。因为对他们来讲，渴求的不仅仅是父母身体上的陪伴，还要有情感上可以亲近的机会。当孩子在父母那里得不到安全感，内心情感不被看见和接纳时，就会用冷漠的方式，将自己的反抗表达得淋漓尽致。这是父母所不愿看到但经常看到的情形。

而对于父母而言，当父母明白自己是孩子的主要依恋对象时，会用爱和责任感来确保孩子不会如此绝望。然而，在同伴关系中，同伴是没有这方面的意识的，他们不会看到孩子内心的渴望，也不会感到内疚，也没有父母的那种责任心，所以，同伴不会有爱和责任来保护对方。在同伴导向的关系中，一直都存在被抛弃的威胁，而很多孩子对此能做出的反应，就是情感上的冷漠。

同伴的重要性越低，孩子就越不在意同伴带给自己的伤害，这样的孩子，才能一边交朋友，一边拥有感知情感的能力。想达成这一点，想让孩子不那么容易受伤，必须先要有稳定的亲子关系。孩子越依恋父母，他们在与同伴交往中的抗压能力就会越强。

一些父母或许依然对此存在疑问：为什么要让孩子直面自己的痛苦呢？孩子为了保护自己变得冷淡，又有什么错呢？

我们需要知道，情感不是奢侈品，不光让人享受愉悦，它更是一个人生命中必不可少的部分，对生存的意义至关重要。情感可以指导我们，帮助我们认识世界，为我们提供获取成功所需的必要信息。情感可以告诉我们什么是有害的，什么是有益的，什么会威胁我们的安全，什么可以呵护我们的成长。想象一下，如果看不到、听不到、尝不到或者感觉不到冷热和疼痛，将是一件多么可怕的事。而封闭情感，就意味着失去重要的感觉器官，同时也失去了人格的必要组成部分。情感会促使我们探索世界，激励我们发现新事物，让我们变得成熟。有情感，生活才会变得有价值、有热情、有趣味。而与父母关系疏离导致的无情，则会使孩子被桎梏和恐惧包围。当孩子变得无情冷漠后，他们会对生活失去希望，对自己没有期待，觉得世界不欢迎他们展现自我。

只有成年人才能给予孩子爱、关注和安全感，让孩子解放自我，不用把自己伪装起来，同时，也让他们重新感受生活中的无限可能性，而这些是他们永远都不可能从危险活动或者药物中得到的。没有了这种安全感，孩子会失去让自己心理成熟的能力，失去和别人建立有意义关系的能力，也不能追求深刻强烈的自我愿望。归根结底，逃避情感就是逃离自我。如果不紧紧抓住孩子，那么最终的代价，就是孩子失去坚持真正自我的能力。

第8章
超龄儿童的"学龄前综合征"

身为父母,应该看见:

・只有学龄前儿童,才有资格享受"学龄前综合征"。
・与父母关系疏离的孩子,都是无法变得成熟的。
・父母面临的真正挑战,是如何帮助孩子真正的成熟,而不只是让他们看起来是个成年人。

"我真是受够了。"4岁女孩莎拉的母亲说道,"不管我们怎么帮她,她都坚持不下去。"女儿反复无常的性格,让她非常焦虑。莎拉每次表示特别想做一件事的时候,父母都想尽办法去满足她,但一遇到挫折或者失败的时候,她就会退缩。比如,莎拉说想上滑冰课,父母就省下钱给她交学费,还专门调整自己的时间来配合她,结果刚上完第二节课,她就放弃了。

这种情况出现过很多次，每次莎拉都承诺要好好表现，但没有一次坚持下去，而且她还很容易冲动，没有耐心，动不动就发脾气。

彼得的父母也很担心自己的儿子。彼得14岁了，平日里缺乏耐心、易怒，有时候还会对自己的妹妹或者父母大发脾气。"他好像意识不到自己的言行会给家人带来什么影响。"彼得的父亲告诉我，彼得还喜欢和人争辩和对峙，他没有任何长远的目标，除了电脑游戏，似乎对什么都没兴趣。不管是学校作业、家庭作业，还是家务劳动，对他来说似乎都没有任何意义。他的父亲为此忧虑不已："我最担心的是，彼得好像对这种没有目标和意义的生活状态完全不介意。"

彼得和莎拉的具体情况有所不同，但却表现出了相似的特质。他们很冲动，表面上他们好像知道自己要怎么做，但实际上却没有付诸行动。两个人都很鲁莽，不知道顾及别人的感受。而两对父母都想知道，是否该为自己孩子的状态感到担忧。

对于莎拉的父母，我的答案是"不需要"。毕竟，莎拉只有4岁，有这些表现是不可避免的。如果正常发展的话，莎拉的态度和行为在未来的成长中还会发生很大的变化。不过，彼得的父母的确需要担心，因为彼得已经14岁了，但他的性格还停留在学龄前。

莎拉和彼得都出现了我说的"学龄前综合征"，是所有学龄前孩子都会遇到的问题。在这一发展阶段，孩子的各种心理功能还无法做到互相协调，缺乏整合的功能，这也是心理不成熟的表现。

需要注意的是，在人的成长过程中，唯一有权表现得像学龄前孩子的，只有真正的学龄前孩子。年龄大点的孩子或者成年人，如果还不能让各项心理功能互相协调，只能说明他没有达到自己年龄应有的成熟。遗憾的是，很多父母看不到这一点，他们总是认为孩子不成熟是很正常的。

当身体和生理机能到了成年阶段时，并非所有人的心理和情感都会随之成熟。罗伯特·布莱在《手足社会》一书中提到，成年人不成熟的现象在我们的社会极其普遍："人们都懒得长大，就像在一个都是半成年人的池塘里游泳的鱼。"学龄前综合征对孩子的影响，会一直持续到学龄后，甚至还能在青少年和成年人身上看到。比如很多成年人并不成熟，没有成为完全独立、自我激励的个体，不能处理好个人的情感，也不懂得尊重别人的需求。

造成这一现象的原因有很多，但其中最主要的，应该就是亲子关系的缺失。因为亲子关系的缺失，孩子在同伴身上花的心思越来越多，孩子气越来越重，也就难以成熟。甚至可以说，在任何情况下，只要是与父母关系疏离的孩子，都是无法变得成熟的。很多父母看不到这一点，所以往往会觉得孩子不听话、不服从管教。

外表成熟得像大人，内心幼稚得像小童

人越成熟，大脑整合信息的能力也会越强，可以同时处理不同的看法、观念、感受和冲动，并且不会出现思维混乱或者行为迟缓的现象。我把这种能力称为"综合能力"。大脑发展到这种程度时，对人的性格和行为产生的影响力，也是巨大的，人会变得更加文明开化。而在这个过程中，冲动、以自我为中心等幼稚的特性会逐渐消失，取而代之的，是更加平衡稳定的性格。大脑的这种综合能力，是无法通过教授而获得的，必须靠自己在成长过程中慢慢培养。父母能看到这一点，教养就会成功一大半。古罗马语中有一个词叫 temper，意为大脑混合能力。这个词最开始的含义，是表示制造陶土的材料混合物，现在则表示"控制"或者"调和"。莎拉和彼得在体验和表达方面的能力，显然都是"未调和好的"，是不成熟的。未调和好，就必然不能同时处理复杂的情感。

莎拉很爱父母，但是像很多孩子一样，她会时不时地产生挫败感。而遭遇挫折的时候，她就发怒，甚至会对妈妈喊出"我恨你"。在这个阶段，莎拉对母亲的爱，还无法调和她对母亲的失望，就像她对滑冰的热情没能调和滑冰带给她的失望一样。因此，她屡屡做出了冲动的行为。同样，彼得情绪爆发的时候，也会忍不住说脏话。虽然他知道自己会因此惹来麻烦，但情绪爆发时的沮丧，阻碍了他思考这样做的后果。彼得也没

有协调好自己的各种情感。这两个孩子都没有"调和"能力，一遇到困难时，他们就会控制不住自己，表现得非常傲慢无礼和对抗性十足。

同样，彼得不想做作业，但他也知道自己必须得做作业。成年人一般可以在不喜欢的情形下完成不愿做的事，但彼得太不成熟，因此无法在抗拒的状态下坚持做作业，他只能自己愿意的时候才想做作业，然而这种情况并不常见。彼得一次只能处理一种情感，无法忍受彼此冲突的想法、感受和意图，从这个意义上说，他就是一个学龄前孩子。

只有我们静下心来，才能看见莎拉和彼得行为背后的原因。为人父母，耐心是教养好孩子的第一步。

成熟：分裂与凝聚的协奏曲

遇到问题时，人们的第一反应是赶快找到解决方法，却通常会忽略"观察、反思和理解"中重要的第一步——观察。抚养孩子的过程中，我们更不能省略这一步。必须知道事情的运作原理，才能理解可能是哪个环节出了错，这是预防问题和补救错误的前提。

如何才能让年幼的孩子正常成熟起来呢？20世纪50年代，发展理论领域有了一个最重要的突破，科学家发现，无论何时何地，成熟过程都有一个统一的、可以预见的顺序：第一个阶段，是分裂或者分化；第二个阶段中，各个分裂的要素重新凝聚。无论是植物还是动物，无论是生物学领域还是心理学领域，也无论是单细胞生物还是人类这样的复杂生物，都严格遵循着这一规律。

成熟首先要从分裂开始。先把所有事物都分离开，直到它们变成各自不同的独立个体，然后，相同的元素会随着发展进展，逐渐凝聚在一起。这是一个看似简单实则深奥的过程。就拿生物学来说，胚胎生长时，会先分裂成一些单独的细胞，每一个细胞都有自己的细胞核和明显的边界。一旦这些细胞完全分离开，就不再有融合的可能，发展的重点，于是变成了细胞间的相互合作。同类细胞会聚集起来，变成发挥特定功能的器官。接着，不同器官继续单独发展，然后再有组织地进入到身体系统中，比如心脏和血管构成了心血管系统。大脑的两个半球，也遵循了同样的模式。无论在心理层面还是在生理层面，各个脑区在发育过程中，一开始都是独立发挥功能的，但随后，就会逐渐成为一个整体。此后，孩子就会出现新的技能和行为，这个分裂又凝聚的过程，会一直持续到青少年时期，甚至更久。

心理成熟也遵循这样的模式，它包含了各个意识要素的分化——想法、感受、冲动、价值观、喜好、意图和渴望。这些要素要先进行分化，才能被凝聚或调和。同伴关系也是这个道理：要想让孩子成熟，就要先把孩子和同伴分开，让他成为一个独立的个体。孩子越独立，也就越能和他人愉快相处，而且不会丧失自我。很多父母认识不到孩子和同伴分开的重要性，结果往往在教养过程中让自己陷入迷雾。

内心体验分离，就是自我意识形成的开端。但年龄较小的孩子还不具备这种体验能力。事实上，不是所有感受都能准确表达真实的自我，孩子感知到的一些东西，也许是不受他控制的，他意识到的情感、想法、价值观、承诺，可能和当时的真实感受并不一致。

彼得和莎拉都缺乏自我关系，他们的自我意识和内心体验还没有分离。因此，他们无法决定什么适合自己，什么符合自己的习惯。他们的情感和想法还不能承受如此复杂的状况，每次只能应对一种情感或者冲动。他们两个都没有说过类似"我是这样想的"之类的话；他们没有经历过"另一种情况"，无法在困境中看到事情好的那一面；他们也没有反思能力，只能被当下的体验困住；他们心里有什么想法，就会立刻表现出来；因为无法让沮丧和关心共存，所以他们没有耐心；因为无法让愤怒和爱共存，所以他们不会原谅别人；因为无法让沮丧和恐惧共存，所以他们控制不住自己的脾气。总而言之，他们还不成熟。

要让4岁的莎拉去处理复杂的情感，更好地控制自我，这并不现实，因为她的年龄太小了。与她相比，14岁的彼得年龄不小了，按理说他完全可以很好地表达自我，应对复杂情感，但因为他和莎拉一样不成熟，所以实际情况并不乐观，很多方面他还不如莎拉。

跟莎拉的父母交流时，我发现莎拉身上有很多现象，都能证明她正处于积极的成长过程中。在她身上，我看到了鼓舞人心的分化迹象：渴望独立完成事情，想要自己弄明白事情的缘由。她确定要做自己，做事的时候有想法、有主见、有理由。还有一个优点是，她有一种大胆向前的活力，对自己不熟悉或者不喜欢的事物，怀有一颗好奇心，对未知事物有一种探索的渴望，对新鲜事物有一种强烈的迷恋。此外，她还喜欢玩充满想象力、创造力，能给人带来强烈满足感的单人游戏。所有这些迹象都表明，她正在经历成熟的过程，这一点打消了父母对她成长方面的忧虑。莎拉的性格在慢慢成熟，时间到了，自然就会展现出相应的效果。而她父母需要做的，就是耐心等待。

然而，我在彼得身上却看不到类似的迹象。他不想独立解决问题，不觉得独立有什么好，也不尝试去做自己想要做的事，还缺乏创造性。他过于关注自己和父母的界限，而这并不是真正的个性。他不愿意依靠父母，但这并不是因为他想独立完成自己的一些事情，只不过是想让父母离自己的生活远一点罢了。他选择和父母对着干，是因为同伴导向的干扰，并不是自我的独立需求。

成熟是个自有规律的过程，但却不是每个人都能幸运地经历这个过程。成熟就像电脑系统一样，虽然提前安装好了，但是不一定会被激活。除非彼得改掉自己的幼稚行为，否则等待他的，就是成为一个只有学龄前孩子心智的成年人。但是，怎样才能让彼得摆脱幼稚呢？很多和彼得同样情况的孩子，又该怎么开启自己的成熟之旅呢？

人格上要独立，情感上要先依赖

虽然每个孩子都会长大，但成熟却不一定随着年龄增长必然出现。父母应该明白，我们无法教孩子成为独立的个体，也无法训练孩子做真正的自己，这些事情都得靠孩子自己。个体的独立，是个属于成熟的任务，并且也只有成熟才能完成这个任务。我们可以呵护孩子的成熟过程，为他们提供合适的环境，为他们扫清障碍，但我们却不能强行让孩子长大，否则就是拔苗助长。

对不成熟的孩子来说，我们可以告诉他们怎样做事，什么能做，什么不能做，还可以表达我们对于他们的期望。比如，对于不知道何为公平的孩子，我们可以教他们"轮流"的概念；认识不到自己行为会产生何种影响的孩子，我们可以制订相应的规则和规定，来限制他们的行为。但是，我们能做的也只能是引导，孩子在我们的引导下，可能会显得成熟一些，比如学会了"轮流"的孩子会显得很有礼貌，但要想让孩子真正能发自内心地认识到公平，只有依靠成熟。同样，在我们的教育下，孩子做错事会知道道歉，但真正促使他们为自己的行为承担责任的，只有独立。很多父母看不到这一点，所以教养就会成为一件辛苦的事情。

真正的成熟没有替代品，也没有捷径可走。我们可以规定或者强迫孩子去做一些事，但最终让孩子走向成熟的，只能是他们自己的心智。父母面临的真正挑战，是如何帮助孩子真正地成熟，而不只是让他们看起来是个成年人。这是教养的难题，但也是让教养变得简单的有效方法。

那么，我们怎么才能帮助孩子成熟呢？答案是依恋！

其实，成熟是一个特别直接也特别明显的过程。和孩子的其他发展一样，成熟始于依恋，这种把依恋作为起点的特性，也是所有生物共有的。然而，只有当依恋需求慢慢减弱的时候，成熟才有机会出现。植物只有先扎根土里，才能生长成熟结果，孩子的发展也是这样。只有先满足依恋需求、亲密需求以及无条件依赖需求，孩子才有机会成长为独立的个体。一位爸爸曾跟我说："当爸爸后，我感觉全世界都坚信父母必须承担起塑造孩子性格的责任，但实际上，父母真正要做的，只是提供一个供他们茁壮成长的环境，提供阳光和雨露，给予他们需要的爱，他们就能茁壮成长。"

父母想要助力孩子的成熟，关键是要满足他们的依恋需求。要让孩子变得独立，必须先让他们学会依赖；要让孩子有个性，必须先给他们一种归属感和共存感；要让孩子适应离别，必须要先承担起和孩子保持亲密关系的责任。类似的还有，要让孩子学会舍弃，必须更多地满足孩子的亲近需求；孩子想要拥抱，我们就要比他期待的更热情地拥抱。我们对孩子放手，不是让他们来乞求我们的爱，而是让他们能安心栖息在爱的环境中。我们帮助孩子应对分床睡觉、克服上学分离焦虑，靠的是满足他们亲近父母的需求。因此，成熟是一个充满矛盾的过程，真正的独立和分离，恰好始于依赖和依恋。

依恋是孕育成熟的摇篮。就像子宫能孕育出身体独立的生命一样，依恋可以培养出心理独立的个体。因此，孩子出生后，我们就要为孩子建造情感依恋的"子宫"，让孩子可以在这里再生长一次，变成个性和情感上独立的个体，进而不受依恋的支配也可以正常地生活。人类会一直有着与他人产生联系的需求，这种需求不会消失，也不应该消失，但是真正独立成熟的人，却可以不受这些需求的控制。一个人实现独立的过程，要历经整个童年阶段，甚至要延迟到青少年或更晚。

满足孩子的依恋后，我们要做的，就是把孩子从依恋的痴迷中解放出来，让他们开始独立生活。想要完成这一转变过程，秘诀就是要让孩子不用费心思也能拥有对父母的依恋。家长先要满足孩子的依恋需求，孩子才能有精力发展自己的个性，开始自己的独立意识之旅。孩子才能因此自由、勇敢，得到发展并变得成熟。这是养育过程中父母必须明白的。

心理上的依恋饥饿和生理上的饥饿非常像。正常孩子对依恋的需求，就像对食物的需求一样，是不会消失的。作为父母，如果要把孩子从对食物的过分渴求中解放出来，不仅要负责把孩子喂饱，还要给他们一种食物充足的安全感。如果孩子对后续的供给没有信心，无论他们眼前有多少食物，都会把获得食物看作当下最重要的事。对于孩子的依恋饥饿，道理也是如此。除非孩子知道自己在对父母的依恋上没有后顾之忧，否则他们是无法正常生活、成熟发展的。

在《个人形成论》一书中，心理治疗师卡尔·罗杰斯描述了一种温暖、关爱的态度，他称之为"无条件的积极关注"，他如此命名是因为"这种态度没有任何附加条件"。罗杰斯在书中写道："它是一种关爱，没有占有欲，不要求个人满足。它是一种氛围，只表明我关心你，而不是因为你先这样做或者那样做了，我才去关心你。"罗杰斯说，这是优秀治疗师需要具备的品质。如果把父母比作治疗师，孩子比作客户，我们就可以很清晰地了解到亲子关系所需要的各种品质了。

父母无条件的爱，是孩子情感健康成长的必要养分。父母的首要任务，是让孩子确信自己是被父母认可并深爱的，内心的欲求始终是被父母看见的，孩子不需要做任何事情或者做出任何改变，就能得到父母的爱与理解。事实上，孩子也做不了什么事情，因为父母的爱不是可以赢得或者失去的物品。父母必须认识到：父母的爱是无条件的，它就在那里，和孩子的表现是"好"还是"坏"无关。孩子可以发脾气、任性、抱怨、不听话或者举止粗鲁，但父母却要让孩子感觉自己是一直被爱着的。父母必须掌握一种方法，既可以告诉孩子什么是不好的行为，又让孩子依然能感觉到爱，要让孩子敢于在家长面前表现出自己的不安和最讨人厌的性格，同时又不会失去父母无条件的爱。

要实现这个目标，孩子需要先能体会到足够的安全感和无条件的爱。孩子一旦有了这些方面的满足，他们的大脑就会发出这样的声音:"非常感谢你,这正是我们需要的,现在我们可以开始执行任务了,可以让主人变成独立的个体了。我不需要一直寻找燃料,因为我知道我的油箱是满的,现在就可以重新上路了。"在孩子的成长过程中,没有什么比这更重要的了。

埃文11岁了,他的父亲最近参加了一次关于家庭关系的研讨会。研讨会后的一天早上,父母步行送儿子上学。正好父亲之前一直在给埃文施压,让他继续上空手道课,而埃文却一直不乐意。父亲在上学路上对他说:"埃文,你继续上空手道课,我会爱你。你不再上空手道课,我还是一样爱你。"埃文好几分钟没说话。然后,他突然抬起头看了看阴沉的天空,继而对着父亲笑着说:"今天天气不好吗,爸爸?天上的这些云不漂亮吗?"沉默了一会,他又说道:"我想拿到黑带。"直到现在,埃文还在上空手道课。

在这个例子中,让孩子再次产生动力的是父亲深深的爱,以及爱所带来的高度安全感。有了爱的联系后,人会对"联系人"所期待的事物产生新的兴趣,对独特和个性有着敏锐的感知力,会产生新的探索精神。这种改变不是源于别人对自己的逼迫,而是因为最基本的依恋需求得到了高度满足,所以产生了动力。在教养的过程中,父母看到并且回应了孩子的这种需求,教养才能得心应手。

很多孩子之所以无法成熟起来,是因为他们的依恋饥饿迟迟得不到满足,导致他们无法投入自我的实现中。尤其是当其他依恋关系取代亲子依恋后,孩子会一直处于"依恋饥饿"中,更加难以成熟。

孩子看不到父母,父母看不到孩子

在教养的过程中,很多时候,不仅父母看不到孩子的内心需求,其实孩子也看不到父母的用心。这也是亲子冲突的重要原因。

1)孩子不理解父母的呵护和关爱

亲子关系被取代后,孩子再面对父母对他的爱与呵护,会感到深深的不理解。很多父母都遇到过这种情况。比如,彼得的父母很爱他,想给他最好的东西,愿意为他牺牲一切。然而,因为亲子依恋关系的缺失,彼得不愿意去回应父母的爱,总是得不到回应,父母也很难坚持爱下去。而让彼得父母更气馁的是,彼得竟然主动拒绝了他们的建议,断然回绝他们的爱,抗拒和他们交流。可见,对于父母的热情和关爱,彼得丝毫领会不到。

我遇到过很多类似的情况,孩子被爱包围着,但却因为依恋问题,而导致心理上的营养不良。你永远无法喂饱不吃饭的人,世界上所有的爱,都需要靠"心理脐带"传输,这是解决心理营养不良的最佳手段。如果孩子不主动依赖那个愿意满足他依恋心理的人,那他的依恋需求就不可能得到满足。而没有依赖，孩子也就无法独立。

2）孩子很焦虑

因为同伴是不成熟的人，所以，同伴关系从本质上就是不稳定的。处于这种关系中的孩子，会不停地追求支持、爱和重视，不断地追求亲密关系，如此一来，孩子就会一直处于焦虑中。同伴导向越严重的孩子，心中的焦虑不安不仅程度会越强烈，持续的时间也会越长。不管孩子和同伴的接触和联系有多密切，心中也永远不会把这种亲近当作理所当然的事，于是，希望被同伴喜欢的孩子，总会时刻关注同伴的细微变化，同伴每个带有厌恶的词汇、眼神或者手势，都会让孩子感到恐慌。带着恐慌和同伴在一起，孩子永远也无法实现独立。从本质上说，同伴关系是有附加条件的，种种条件限制了孩子的自我成熟。

只有在一种情况下，孩子才能从同伴关系中获得满足和喜悦，却不会因为同伴关系而阻碍自己的成熟之旅，那就是孩子先具备了稳定的亲子依恋关系。父母内心的认同、看见和陪伴，可以增加孩子的安全感，让孩子从同伴关系中也能得到有益的收获。这样的孩子不会依赖同伴，更不会为同伴关系的不稳定而感到不安。

3）永远不满足

从依赖转换到个体独立的过程中，孩子不仅需要得到满足，还要能感知到这种满足。这种感知不是概念层面的，也不是理性层面的，而是发自情感深处的。能感动孩子的，只能是情感。想让孩子感到满足，孩子必须有着丰沛的情感，但在前面我们提到过，与父母关系疏离的孩子情感是封闭状态的，他们不允许自己感知脆弱，也因此无法感知满足。

这听起来有点奇怪，孩子的满足感竟然要以感知脆弱为前提，在很多人的概念里，满足感不涉及伤害或者痛苦，和脆弱完全是两码事。然而，这种奇怪现象背后，隐含的其实是一种正常的情感逻辑。孩子要想感知忙碌，就必须先体验空虚；要想帮助别人，就必须先体验需要帮助的感觉；要想感知完整，就必须先体验残缺；要想感受团聚的快乐，就必须先体验失去的痛苦；要想感受到安慰，就必须先体验受伤的感觉。

满足，是一种让人舒适的体验，但是这种体验的先决条件，是人要具备感知脆弱的能力。当孩子失去感知脆弱的能力，也会同时失去感知呵护和满足的能力。如果孩子能够感知到自己缺失什么，明白空虚是什么，这不是坏事，起码证明他们的情感是健康的。如果孩子能够清楚地表达这些感受，我们会听到他们说出"我想爸爸""我很难过，奶奶没有注意到我""你好像对我的故事不感兴趣"或者"我觉得他不喜欢我"之类的话。

现在的状况是，很多孩子都有很强的防御心理，过于封闭自己的情感，承受不了上面提到的这些情感伤害。可如果孩子真的缺失某种东西，无论他自己是否感知到，也都会给孩子带来影响。而只有孩子自己能够感知缺失，并且明白缺失的是什么的时候，他们才能从中解放出来。尤其对同伴导向的孩子来说，他们长期把自己封闭起来，不让自己表现出脆弱，那他在亲子关系中，也肯定无法获得满足感。亲子关系的缺失，会让父母的爱变得一文不值，无法给孩子带来任何满足感。父母一旦看不到这一点，就无法理解孩子与自己疏离的真正原因。

有些家长抱怨，自己的孩子似乎永远无法满足。不管父母做了什么，付出了多少努力，给予了多少关注和支持，这些孩子都无法从依赖转变为独立。这些孩子的父母会感到非常沮丧和疲惫。于是事情变成了，因为孩子没办法获得满足感，所以父母也没办法感到满足。很多父母都被剥夺了体验满足的权力，他们的孩子要么从其他人那里寻求呵护，要么为了自保而建立了超强的防御机制，这两种情况下，孩子都是永远无法获得满足感的，父母的满足也就无从说起了。

因为缺失满足感，孩子会陷在发展的最初阶段，无法成熟，无法超越人类的本能。父母看不到的这一点，就很容易陷入教养的僵局。如此长期找不到能让自己放心获取满足的人和事，孩子会变得特别沮丧，会一直依赖外界的人或事，企图从他们身上获得些许的满足。这样的局面下，父母再怎么施加管教或表达关心，都无法根治这个问题。唯一的希望，就是跟孩子重新建立亲密的关系，温暖他们的内心，这样我们的爱才能真正地传递，起到呵护孩子的作用。

孩子的情感如果总是无法得到满足，会有什么后果呢？在那些与父母关系疏离的孩子身上，我们会看到有种执念制约住了他们的成熟,这执念就是:得到的越多,渴望的越多。一个8岁女孩的妈妈这样诉说:"我女儿和朋友在一起的时间越长,就越想和他们待在一起,好像永远也待不够。"有一个青春期孩子的家长,也跟我抱怨:"儿子从营地回来的第一件事,竟然是给营地的伙伴打电话,难道他都不想念两周没见的家人吗?"同伴导向的孩子,在和同伴接触后——无论是上学、玩耍、在别人家过夜、班级活动、郊游或者露营回来——他们都会更渴望跟同伴接触。

很多父母把孩子这种不满足的渴望,误解为是孩子接触同伴的正常需求。我总会听到"但孩子就是愿意和朋友在一起,不让他这样,那就太残忍了"之类的话。事实上,孩子的依恋需求如果真的得到了满足,他们反而会需要自己独处的时间,而不是一味地和别人腻在一起。

4)学不会放下

世界上还有一些人,童年时从来没有与父母建立起亲密的依恋关系,心智却也很成熟。这是怎么回事呢?答案就是,成熟之门还有第二把钥匙。我们可以把它称为"成熟的后门"。在这把钥匙的作用下,孩子的情感转折点,不是他真正感到满足的时候,而是在他的大脑可以接受"无法满足"的时候。

当孩子的需求得不到满足时,会产生无能为力的感觉。导致这种无力情绪的原因有很多,比如忍受不了孤独、不是别人心中最要好的那个人,找不到自己丢失的宠物,说服不了妈妈,阻止不了全家搬迁。从最常见的无法亲近某人到最严重的亲子关系缺失,都会让孩子感觉无力。

需求得到满足的时候,依赖会过渡到独立;但在接受了"无法满足"的时候,依赖也能成功过渡。每个人都渴望被人喜欢,渴望得到某个人的爱,渴望自己拥有强大的权力,但除了满足这些渴望外,还要接受一点——自己一直渴望的事情,可能根本无法实现。

不成熟的孩子,会想抓紧依恋对象,和对方接触,博得对方的关注,并将对方据为己有。孩子产生这类冲动是很正常的,但当冲动变成无力感的时候,孩子之前迫切需要满足渴望的心情,就会放松下来,想紧紧抓住对方的手也会松开。这对孩子来说是好事,让他们在伤心难过后,生活还能继续。从另一方面讲,如果感知不到这种无力感,孩子就会继续受控于依赖的需求,继续追求那些他们难以企及的东西。

要想获得满足感,孩子必须要接受这种无能为力,这样才能实现从依恋到独立的转移,从沮丧不甘,变为平静地接受事物的本来面目。然而,仅仅在思想上理解这种无力感还不够,孩子还必须能感知到这种情感。无力感是一种脆弱的情感,让人们可以面对力不能及的情况,接受自己不能改变的事情。但是,与父母关系疏离的孩子很少有这种感受,因为他们习惯了封闭自己,拒绝让自己表现出脆弱的时候,而随着自我封闭,最先消失的就是无力感。他们即使和同伴的关系中充满了沮丧和失落,也很少谈论自己的这类负面感受。但无法感知不代表无力感就不存在，他们会转而采用挑衅和暴力的方式，来让自己的情绪得到释放。

当孩子觉得无能为力时，最明显的表现就是哭泣流泪。大脑中有一个器官，负责控制眼睛去释放情绪。成年人或许能隐忍住眼泪，但是当感受到无能为力时，也会产生想哭的冲动。当然，确实还有其他体验能让人流泪，比如眼里进了东西、剥洋葱、生理疼痛和沮丧。然而，因无力感而流泪，和以上这些原因的流泪是截然不同的，这是由一种不同的神经回路引发的，是独一无二的心理反应。

因为原因不同，泪水流过脸颊时带来的感觉，都会变得不一样。无力感导致的泪水，会伴随着一种能量的转移。人们会在哭泣中调适心情，从试图改变事物的执拗，变成一种积极的悲伤，一种理性的退让。事实上，感觉无力时的泪水会让我们有一种释然的感觉，因为大脑开始真正明白某件事行不通，必须要放下了。比如，学步期的孩子不小心把手里的甜筒掉在地上，如果这时他能在一个满怀爱意的成年人怀里流泪或者伤心，他就会接受甜筒掉在地上的现实，心情很快就会好起来，然后继续迎接他的下一个探险。

与父母关系疏离的孩子，在感到无力时往往不会流泪，更糟糕的是，他们会慢慢拒绝接受自己受伤的事实。人不再哭泣的时候，大脑灵活处理情绪的能力也会随之僵化，失去了可塑性和发展能力。和感觉不到满足一样，感知不到无力感的孩子，也无法成熟起来。

5）个性被压制

与父母关系疏离还会以摧毁个性的方式，阻碍孩子的成熟。在解释这一点之前，我们先简单区分一下个性和个人主义。

个性是人类的独特性发展到顶峰阶段，成为独立个体后产生的表现。心理学家把这一过程称为分化，或个性化。成为独立的个体，意味着拥有自己的想法和底线，重视自己的喜好、原则、意愿、观点和目标，也意味着拥有了一个无人能够占据的位置。个人主义则是把自己的权利排在集体的权利之前。相比起来，个性才是集体的真正根基，只有真正成熟的个体，才能通力合作，尊重和欣赏别人的独特之处。讽刺的是，同伴导向不仅损害个性的发展，还会助长个人主义的气焰。

萌芽阶段的个性，和刚具雏形的独立，都很容易受到他人的影响，需要重点保护。萌芽期的心理非常脆弱，但又至关重要，它涉及兴趣、好奇心、独特性、创造力、独创性、新主意、做自己、尝试、探索等多个方面。在成长的过程中，孩子会在这些方面不断地小心试探，就像乌龟从壳里伸出脑袋一样，摸索着前进。为了个性发展能够勇敢向前，孩子需要把自己完全展现在别人面前，需要面对别人的各种反应。如果对方给出批判、否定等消极反应，正在萌芽的个性就会倍受打击，迅速消失。之所以会这样，是因为只有完全成熟的人，才能勇敢地面对别人的不认可或不重视，而孩子显然不够成熟。

而孩子的那些同龄伙伴，显然也都是不成熟的，这些伙伴无法全面接受其他孩子的个性，也不会在乎同伴身上值得肯定的特征。只有成年人才能辨别成熟的种子，才能为孩子的个性化发展提供空间，才会重视个体独立的迹象，并会把个性化视为一种神圣的信任，并竭尽全力地去保护它。

如果同龄的孩子只是不愿鼓励或欣赏同伴，倒还不至于阻碍别人的人格发展。但不幸的是，他们所做的事往往严重得多，不成熟的孩子会随意否定别人的表现。在孩子的世界中，最喜欢引来鄙视的，不是不成熟的个性，而是成熟的。能够自我激励、不被同伴所左右的孩子，在同伴看来反而是奇怪的，常会被贴上弱智、怪胎和蠢货等标签。因为孩子的不成熟，他们理解不了那些处于发展初期、正在迈向成熟的孩子为什么这么努力，为什么有时会想要独处，而不是时刻和大家在一起，为什么要在课上主动提问。他们觉得这样的同伴肯定哪里出了问题，活该被大家羞辱。与父母关系越疏离的孩子，会越讨厌其他孩子的个性。

孩子的个性发展不易，不仅因为会在外受到同伴的威胁，还因为在内会受到同伴导向造成的心理损害。个性化是同伴关系的绊脚石，同伴导向的孩子如果想做自己，挖掘自己的喜好，说出自己的想法，表达自己的判断，做出自己的决定，一定会给同伴关系带来很大的压力，很少有同伴能够承受住这些。当孩子把维持和同伴的关系看作最重要的事时，个性化就必然成为牺牲品。在不成熟的孩子看来，这种牺牲是再正确不过的事。改变对方的个性，阻止对方表达真实的自我，压制任何反驳的观点或者价值观,这一切在同伴间好像都是很自然的行为。对不成熟的人来说,"友谊"必须永远放在个性之前,于是为了获得同伴对自己的认同,他们情愿压抑自己的个性,尽管这一点跟个性的自然成长规律,是互相违背的。

凯特全职在家照顾7岁的女儿克莱尔。"克莱尔做事很利索,很独特,"凯特评价女儿说,"她的独立意识很强。但是一旦和同伴共处了几小时后,回到家后她就像是变成了另一个人。她不像以前那样说话了,行为举止也开始模仿她的朋友。直到好几个小时后,她才能慢慢变回原来的那个克莱尔。不过,随着她慢慢长大,她越来越能控制自己了。"

我女儿塔玛拉在同伴导向的那几年,不会表达自己的想法,甚至都不允许自己的想法和朋友不一致。我能看出她在尽力压抑自己,不让自己越过任何关系的界限。我鼓励她坦诚地面对她的同伴香农,她对我的建议完全不能理解。虽然塔玛拉的学习成绩很好,但却总是为自己的成绩感到难为情,想方设法不让同伴知道自己的分数。所有同伴导向的孩子都知道规矩:不要说或者做任何让同伴难堪的话或事,否则就会面临失去他们的风险。她觉得自己的真实成绩会给同伴带来压力,于是尽力让自己变得不起眼,想以此融进同伴的圈子。

在这样的环境中,同伴关系成了成熟和个性发展的敌人。身为家长,不能为了让孩子维持和同伴的亲近关系,而牺牲孩子的个性发展,我们有责任和孩子培养健康的亲子关系,以帮助他们成长。我们要给孩子同伴所不能给的:接受、看见、回应孩子的不成熟,让孩子在爱和认同中自由地做自己。只有看见,孩子才能真正变得成熟和独立。这是成年人才能做到的,而且是必须做到的。

第9章
沮丧感与攻击性

身为父母，应该看见：

・虽然孩子的攻击性并不全是因亲子关系出现问题，但与父母关系疏离的孩子，更有可能出现攻击性。

・正因为我们意识不到依恋的存在，所以我们也难以意识到沮丧和不正常的依恋关系之间，存在着的联系。

・当孩子和父母缺乏一种足够稳固的依恋关系，一旦孩子的依恋脑锁定了同伴，父母的任何干预，都会给孩子带来强烈的沮丧。

一天，9岁的海伦站在镜子前，很生气地拿起剪刀，然后，恶狠狠地剪掉了自己乌黑的头发，前面部分几乎都被她剪秃了。妈妈看到后，十分惊慌和不解，质问她在干什么，而海伦却拿起剪刀对着妈妈大声吼叫。

15岁的艾米丽一直自残,她经常打自己耳光,妈妈只好把她带到我这里。我发现,她不仅伤害自己,而且会挖苦和顶撞除朋友外的所有人。第一次来我办公室的时候,她就嘲笑我书架上的书,虽然是用很俏皮的口气说出来。不过,她对自己父母和弟弟说话的语气,就真的让人接受不了了,她总是不留余地地批评家人,不断地对他们爆粗口。她似乎看不顺眼所有的人和事情。

海伦的父母是我的朋友。海伦出现问题前,夫妻两人的婚姻正处在煎熬期,所有的时间和精力都消耗在了处理婚姻的各种矛盾中,对海伦的关心很少,海伦只能试图从同伴那里获得一些温暖,但显然,她没能得到。和同伴如此相处了大概一年,她就开始出现攻击行为。

同伴如果对海伦友好一些,她是不是就不会行为异常了?从艾米丽的例子我们可以推断出,就算海伦像艾米丽那样被同伴接受了,她的情感需求也还是得不到满足。

艾米丽10岁的时候,她的母亲正和癌症抗争。艾米丽无法面对可能会失去母亲的痛苦,因此选择把母亲先推开。推开母亲后,她心中的空缺需要有人来填补,而这时候,同伴出现了。现在,同伴就是艾米丽的一切。与父母关系疏离的孩子,行为、言语和态度都会逐渐表现出攻击性和挑衅心理,其中,攻击家人是这类孩子极为典型的特征,他们会毫无顾忌地伤害父母和兄弟姐妹。大部分情况下,这种攻击不是身体上的,而是言语上的侮辱和情感上的敌对。

攻击性强的孩子，爱挑衅、说话冲、不顾及别人，总像一个角斗士。虽然孩子的攻击性并不全是因亲子关系出现问题，但与父母关系疏离的孩子，更有可能出现攻击性。他们的攻击性表现，不只是指打架和辱骂，还包括大量有攻击意味的手势、言语和行为。比如敌对、逆反和蔑视的情绪，粗鲁的手势、翻白眼等肢体语言，也可能是说话的语调、嘲讽的表情、眼中的怒气、讽刺的用词或者冷淡的回应，等等。看不到攻击性的原因，就无法从根本上解决教养问题。任何问题的解决，如果从问题层面入手是根本解决不了问题的。

孩子的攻击性不仅会直接针对别人，还可能直接针对自己。比如，说一些类似"我真笨"或者"我恨自己"之类的话，还会有撞墙、自残以及有自杀的想法或冲动。攻击性还可能会针对"活着"这件事，比如会说出"我要杀了你"或者"我不想活了"的话。同时，攻击还有可能是心理上的，比如排斥、假装对方不存在等。可以看出，我们这里所说的攻击性，超出了常见的暴力形式。

攻击性和爱看似是两极，但在本质上却有相同之处，它们都是生命的动力，是具有激发作用的东西。但是，很多孩子的攻击性却纯粹是一种攻击的冲动，没有正面作用。孩子们为何会有这样的冲动？是什么让孩子原本正常的攻击心理，变成了一种暴力倾向，并且越来越严重呢？想知道问题的答案，就需要看见孩子的内心，找出这些孩子攻击性的根源，而且必须清楚地意识到，亲子关系疏离会激化这些根源的发展。父母只有看到这一点，才能从根本上解决攻击性的问题。

亲子关系并不是攻击性的根本原因，即使跟父母关系很好的孩子，也可能很有攻击性。攻击和暴力早已是人类历史的一部分，是人类最古老、也最具挑战性的一项课题，而同伴导向的历史相对就要短得多了。但是，亲子关系疏离却能助长攻击的火花，让正常的攻击心理变成暴力行为。

与父母关系越疏离，越容易产生攻击性

只有看到问题背后的原因，才能从根本上解决问题。是什么让一个人想去攻击别人？答案就是：沮丧带来的挫败感。挫败感是攻击的助燃剂。当然，沮丧不会像火苗遇到氧气一样即刻爆燃。因为沮丧还会引发出一些和攻击性相矛盾的后果。在处理不当的情况下，沮丧才会促发攻击，而与父母关系疏离就是助推力。它不仅会增强孩子的沮丧感，还会让孩子难以找到平和处理自身攻击性的方式。

沮丧，是人觉得事情不如意的时候所产生的一种情绪。让我们感觉不如意的事情实在是太多了，可能是玩具、工作、身体、和别人的对话、要求、人际关系、咖啡壶或者剪刀。不过，不管它是什么，我们越是在意它，就越容易因为它的不合心意而被激怒。沮丧是一种深层的原始情感，在其他动物身上也能看到。而和其他情感一样，沮丧虽然不是那么容易感觉到，却会促使我们表现出相应的行为。

　　触发沮丧的原因有很多，但因为依恋是孩子最重要的东西，所以，引发孩子沮丧最主要的原因，就是依恋关系出现了问题，包括失去联系、关系受挫、分离太多、感觉被拒绝、失去挚爱、没有归属感或者不被人理解。教养中的很多问题，都在于父母看不到根源，最后也解决不了。

　　在我儿子谢伊3岁的时候，我第一次意识到依恋、沮丧和攻击性之间的密切联系。当时谢伊非常依赖我，没有和我长时间分开过。有一天，我受邀到一个较远的地方去上5天的课。5天后，我回到家，谢伊的情况已经变得严重了。之前他每天会闹腾两三次，这个程度还算符合他的年龄特征，那之后，却变成了每天折腾大概二三十次。我根本不用问他为什么发脾气，或为什么咬东西或乱扔乱丢，因为我刚参加的论坛所研究的主题，就是攻击性和暴力的根源。并且，就算我问他，他能说出什么来呢？原因已经很明显了，就是因为他内心深处的依恋情感受挫了，发展成了沮丧。而发脾气就是他给我的信号，他希望借助这种方式让我看到他内心是如何沮丧的。前面提到的女孩海伦，妈妈在她3岁时患上了严重的抑郁症。好几个月，妈妈的情绪都处于混乱的状态，没法和丈夫、女儿好好相处。然后，突然有一天，海伦开始没来由地在操场上打其他孩子。很明显，这是因为她的依恋情感受挫，导致沮丧情绪爆发了，内心的变化最终通过攻击性的行为表现了出来。如果此时父母能看见她的内心，攻击性问题就可以得到缓解。

当孩子开始依恋同伴后，沮丧的原因也就随之改变了，并且在大部分情况下，沮丧的程度只增不减。依恋同伴的孩子，会更加沮丧，因为和同伴之间很难保持亲密的关系。

同伴们不住在一起，肯定会持续不断地经历分离。他们不能保证自己一直会得到同伴的支持，会觉得同伴今天选择自己，并不意味着明天还会选自己。孩子把成为同伴心中最重要的人看作当务之急，所以，一旦遭遇打电话不接、被忽视、被别人代替、被贬低或者被奚落等情况，他就会感到特别沮丧。另外，同伴关系也经不起真正的心理考验。孩子必须时刻调整自己，时刻注意不要让自己表现出任何的与众不同，不要强烈地反对同伴。孩子会认为，要想和同伴维持亲密关系，就必须把怒气和憎恨往肚子里咽。很多父母没有看到同伴的巨大影响，从而找不到问题的根源。

在同伴关系中，孩子没有稳固的家庭基础，没有用来抵御压力的屏障，没有宽容大度的爱，没有可以依靠的承诺，也没有那种被对方理解的喜悦感。这种情形下，沮丧感会非常强烈，即便事情进展相对顺利的时候，也是这样。再加上同伴的一些拒绝和偏见，孩子的沮丧情绪会累积到顶点。这就是为什么那么多孩子会攻击自己，自残甚至出现自杀的念头。还有一点，虽然不是那么明显，却非常普遍——孩子们会对自己非常不满意，非常挑剔自己，这也是孩子自我攻击的一种表现。

本书另一位作者，在回忆起儿子的类似经历时，说当他儿子即将进入青春期的时候，开始喜欢看一些摔跤节目，喜欢穿的服装也总会让人联想到留着尖指甲的恐怖电影主角弗莱迪·克鲁格。当孩子和父母缺乏一种足够稳固的依恋关系，一旦孩子的依恋脑锁定了同伴，父母的任何干预，都会给孩子带来强烈的沮丧。很多父母都有过这种伤心的经历。

11岁的马修和同伴杰森形影不离。马修想去杰森家参加通宵的万圣节晚会，父母没有应允，他的情绪爆发了。他变得做任何事都带着极大的敌意，会顶撞父母，冲父母大吼，马修还给父母写了张便条，言语中充满了痛苦，并流露出沮丧和挑衅心理。这让父母十分恐慌，生怕他做出什么可怕的事来，他们跑来向我咨询，因此发现了孩子潜在的攻击性。马修的便条内容如下：

请你们稍微花一分钟想一想现在的情况。如果杰森想和别人一起做一件事，他一般都会找我。但是，他现在都懒得问我了，就因为你们不让我去他家，他去找别人了。我能接受他和别人一起玩，但是现在，他都不愿意跟我做朋友了。这他妈的让我很生气！！！我太生气了，想找人出气，我真想把他们弄残……我发誓，你们深爱的那个小男孩已经没有了。不得已的时候，我他妈的会自杀！可能我会选择割腕……没有朋友的话，我还不如死掉。

在孩子心中，助长挑衅之火的燃料，永远不会枯竭。

正常情况下，沮丧并不一定会引发攻击性。处理沮丧情绪的正确方式，是去尝试改变事情。如果改变不了，我们就要去接受事情的本来面目，然后让自己适应这种不能改变的情形。如果我们做不到适应，也可以让自己的想法和情感温和一些，控制自己的攻击冲动。这就是我们所说的自控力，虽然在极度沮丧的情况下，也有可能不会出现攻击冲动，然而，与父母关系疏离的孩子在处理情绪的时候，总会受到阻碍。这些阻碍，会导致沮丧的情感不断被压抑，而最终以攻击的形式突然爆发出来。

亲子关系缺失，激发了孩子的攻击性

1）依恋同伴的孩子无法摆脱沮丧感

人在感到沮丧时，第一反应就是去改变让自己不顺心的事。我们可以通过命令别人、尝试改变自己的行为或者其他方式，来实现这一点。沮丧感的消失，离不开我们自己的改变。

然而，生活中有很多沮丧是我们应对不了的，比如我们不能改变时间，不能改变过去，不能逃避死亡，不能让美好永驻，不能违背现实，不能改变行不通的事情，也不能让那些不愿意合作的人配合我们，我们无法一直保证公平，也无法永远保证自己或者他人的安全。在所有这些不可避免的沮丧中，孩子最怕的，就是心理和情绪方面得不到满足。那些对他们而言极为重要的需求——被需要、受欢迎、被喜爱、成为别人心中特殊的人，其实都完全不在他们的掌控之中。但只有这些需求被看见、被理解，孩子才能从沮丧中脱离出来。

亲子关系良好的孩子，他们不需要一直处理关系中的沮丧感。父母不能永远护着孩子，但是在孩子还没有准备好的时候，父母不会也不能让孩子独自面对这些挑战。但是与父母关系疏离的孩子就很不幸了。因为经历了太多的沮丧，孩子迫切想改变周围的一切，以便稳定自己与同伴的依恋关系。有的孩子变成了同伴关系中强势的那一方，有的则想尽办法让自己在同伴眼里变得更有吸引力；有的变得非常专横，有的则变成了专门讨人高兴或负责搞笑的那个人；有的会不惜一切，把自己变成带有安抚作用的心理树洞，来维持和同伴的亲密关系。这些孩子的需求一直处于被漠视、压制、无法满足的状态，他们接触不到能给自己带来满足感的力量，因此，更容易反抗和抱怨现实。

与父母关系疏离的孩子，无论多么努力按照同伴的要求改变，无论怎样压抑自己真实的个性做出让步，得到的都只是短暂的安慰。而长时间的依恋挫败，让他们有不稳定的感觉，并且后续还会有更多的挫败感，持续冲击着这面本来就很难垒构的安定之墙。沮丧感不会消失，相反，最终会转变为挑衅的行为。

2）与父母关系疏离的孩子，无法接受自己无法改变的事情

一般来说，人在遇到不可逾越的障碍时，心中的挫败感会转变为无力感。这个转变带来了适应力，让人们在无法改变不利状况时，转而选择改变自己。孩子也是如此，挫败之后，要么适应，要么攻击，适应能力强的孩子，是不会选择去攻击别人的。

从挫败感到无力感的转变，在学步期孩子身上体现得最明显。蹒跚学步的孩子，会提出一些父母在正常情况下不愿或无法做到的要求。而几次没有被应允后，他会因为徒劳无获而放声大哭。这种反应，其实是个非常好的现象，说明孩子正在从尝试改变转向试着放手。一旦挫败感转变成了无力感，孩子就会慢慢安静下来。但如果挫败感没能通过这种方式发泄出来，孩子就会继续坚持自己的想法，不依不饶。对于学步期的孩子，除非注意力不集中或转向了别处，不然很可能会一直坚持下去，然后爆发攻击行为，直到自己筋疲力尽。只有无力感，才能让人放弃行不通的事情，同时消解心中的挫败感。

只是让大脑知道某件事还是不够的，必须在情感方面也能感受到这一点。我们都有过这样的经历：明知道某件事行不通，还是会继续做。很多父母都对孩子说过："我跟你说过一次了"，"我都跟你说过多少次了……"而在教养中，我们也要允许自己去感知这种无力感，这样就不会执迷于那些明知道无论重复多少遍，却都行不通的教养方式了。

适应是一种深度的情感过程，并且是无意识的，不由大脑皮层的意识区域控制，而是由情感器官控制。例如，失去挚爱时，无论是因为死亡，还是关系的结束，我们的伤心欲绝并不是因为知道爱人不在了，仅仅是这个改变，是不足以让我们看清自己失去爱人的现实的。我们必须去感受，一遍一遍地忍受无能为力的侵袭，只有领悟到自己的无能为力，从深层的情感层面感受到"自己有生之年，再也无法和爱人进行身心接触了"，心里便会感到痛苦，然后流泪难过，最后，才能开始适应这个残酷的现实。这一过程，可能会持续很多年。

年龄较小的孩子，可能会因为家长不让自己在晚饭前吃零食，而产生无力感，但他们一会儿就适应了，愤怒很快就变成了伤心。有兄弟姐妹的孩子，需要和人分享父母的爱，这个适应过程可能要花费更长的时间。但是，如果孩子一直感受不到无力感，他就永远无法适应。伴随无力感而出现的最常见反应，就是伤心、失望和痛苦。如果孩子的内心能够感受到无力感，即使不流泪，伤心和失望仍会引导他们去适应现状。而让与父母关系疏离的孩子进退两难的是，无力感中包含了脆弱，感知到无力感，就意味着承认自己的力量是有限的。因此，在逃离脆弱的过程中，首先要克制的，就是无力感。在他们冷漠的世界中，哭泣意味着羞耻，一旦克制了无力感，就势必出现难以适应的沮丧，所以，孩子很容易出现攻击的倾向。

与父母关系疏离增加了沮丧的概率，同时又带走了沮丧的解药——泪水。比如海伦，她不会哭，没有为罹患癌症的母亲掉过一滴泪，但她却割腕自残过。海伦感受不到伤心和失望，因此，她的言行会表现出嘲讽和轻蔑。她会拿金属器具实施暴力，而不是听一些舒缓的音乐抚平伤痛。越来越多的孩子，都面临着与同伴交往不顺的无力感，本能却让他们感知不到这种徒劳，最后，只能选择伤害自己和他人。

当人感知不到无力感时，既无法放手，也无法接受现有的局限。当人不具备适应的能力，失败时就很难重振旗鼓，迷失时无法脱身，受伤后也就没有能力恢复原来的样子。

与父母关系疏离的孩子处于进退两难的处境：难进，在于他们无法改变；难退，在于他们的内心已经麻木。

在教养过程中，父母常犯的错误往往是自己看不到的，因此耐心与洞察力是最基本的教养方法。

3）与父母关系疏离的孩子，没有左右为难的心理

虽然孩子身处左右为难中，但他们却并不会真的感受到这种为难。

孩子产生攻击冲动时，内心也会出现反对攻击的冲动，这两种冲动相互矛盾，彼此较劲，如果反对攻击的冲动胜利了，孩子心中的挫败感就不会转化成攻击性。所以说，这种矛盾的心理是一件好事。只不过，此时孩子基本上是感受不到左右为难的心理的。

正常情况下，抑制攻击冲动的，是不能伤害人的心理、是向往美好的意愿、是害怕被报复的恐惧，或是出于对后果的担心。一旦攻击的冲动变得强烈，这股抑制冲动的感受，也会在

相反的位置出现。这两种互为矛盾的动力,在孩子心中激起文明的觉醒,让孩子可以成功地控制自我。所以,如果没有了这种矛盾的心理,心中的攻击冲动就会轻而易举占据主导,也就没有什么能拦得住孩子去进行攻击了。

为什么孩子会缺乏这种矛盾的心理呢?首先,这些孩子的心智发展是停滞的,无法处理复杂的感情和矛盾的冲动。这就是我们前面讲到的学龄前综合征,心理不成熟会带来冲动。对冲动的孩子来讲,无论他知道多少道理,本意有多好,被惩罚的频率有多高,惩罚后果有多严重,只要他的沮丧累积到了一定程度,攻击的冲动就会让他完全忽视这一切。所以,很多父母往往看到,无论怎么教育,教育多少次,都是徒劳。而其深层原因,父母往往是看不到的。看不见孩子的内心,就无法有效管教。

同伴导向的孩子难以出现矛盾心理,其第二个原因,就是缺乏弱化依恋的能力。原生的依恋具有两极性,会让我们依赖依恋对象,也会让我们去反抗自己不依恋的人。当孩子为了满足依恋上的饥饿,而从同伴那里寻求联系和亲密时,就自然会把同伴以外的人当作潜在的攻击对象,即便这些人是他的兄弟姐妹、父母和老师。而另一类潜在的攻击对象,就是孩子不喜欢的同伴。攻击形式既有肢体的,也有精神的。综合说起来,同伴导向触发了孩子的攻击冲动,同时,也让他的家人和其他照顾他的成年人都遭了殃。

除了上面所说的,还有一个因素,也能平息攻击的冲动,这就是心理上的恐慌。大脑有一个很重要的区域,相当于是一个精巧、复杂的报警系统,而焦虑是一种情感警报,它会警告我们要注意危险,包括被攻击的危险,还有不得不和依恋对象分离的威胁。对身处困境的认识,对受到伤害的恐惧,对可能后果的担忧,对和爱人分离的焦虑,这些都是大脑发出的警告,告诉我们攻击是一件充满风险的事情。能够处理复杂情感的孩子,一想到攻击心中就会恐慌,这种感觉,会让他克制住攻击的想法。

感知恐惧的同时,我们也会感受到脆弱。事实上,感知脆弱,就是能够意识到可能有不好的事情发生在自己身上。但很多与父母关系疏离的孩子,因为封闭了自己的情感,选择逃避脆弱,所以没有了害怕的感觉。他们的潜意识里有恐慌的存在,但意识上却感知不到。即使他们受到了惊吓、感到紧张或者害怕,也不会表达出来。

这种糟糕的情况是会持续很久的,因为当人感知不到恐慌时,肾上腺素就会上升,控制住人的意识,让人上瘾。事实上,为了逃避脆弱而选择封闭情感的孩子,会主动寻求危险,以此来获得肾上腺素飙升的体验,这也是为什么"极限运动"很受孩子欢迎。

孩子越依赖同伴,就越感觉不到忧虑和谨慎。大脑研究表明,高达1/3的青少年犯,他们的脑区已经无法正常感知到警报。一个人的大脑如果无法有效地触发警报,那么,攻击的冲动就很可能以暴力的形式爆发出来。

酒精对人的影响,就足以说明上面这一点。人喝酒后,原本可以抑制攻击冲动的警报，被酒精麻痹了，所以，喝醉酒的人基本上意识不到受伤、陷入困境、和重要的人分离等警报。人摄入酒精后，负责压制攻击冲动的大脑区域，也很可能会失灵。这也是为什么很大一部分暴力犯罪案件，都与酒精有关。一些孩子会喝酒，是认为酒精可以给他们壮胆，事实上，只是酒精蒙蔽了他们的恐惧。不过，即便没有酒精或者其他任何药物的辅助，与父母关系疏离的孩子的大脑，也会以另一种方式麻痹人的恐慌意识，其中典型的一种，就是情感上的自我麻痹。

与父母关系疏离的孩子，心中都燃烧着挑衅之火，这时扑火是一种徒劳的行为。不过，只有我们意识到和看到这是一种徒劳，感受到了无力感带来的悲伤，我们才可能改变自己，才更有可能教育好孩子。与父母关系越疏离，孩子的攻击性越强，事实攻击的可能性也就越大，父母的管教就会失去力度。他们很容易疏远和忽视父母，在这类情况下，如果父母的第一反应是压制孩子的攻击性，那么必然不会奏效。压制是父母对孩子求救信号的忽视，是对孩子的痛苦视而不见，结果往往是越压制越绝望。然而，如果父母理解了孩子攻击性背后的原因，所要做的，就成了解决关系中存在的潜在问题。先放开攻击性的问题，跟孩子重新建立依恋关系，让孩子归巢，一切问题也就迎刃而解了。

第10章
欺凌问题

身为父母，应该看见：

・欺凌实质上是依恋缺失的恶果。
・孩子离开父母的时间越长，就越容易出现欺凌的行为。
・依恋做的第一件事，就是让父母是父母，孩子是孩子，保证自然的等级关系。

欺凌一直都存在于我们身边。

《纽约时报》曾报道过美国国立卫生研究院的一项研究，其中提到全美有1/4的中学生都有过长期恶性欺凌或被欺凌的经历，有的人两种都经历过。

在小说《蝇王》中，一群英国唱诗班的男生，被困在了一座热带岛屿上。由于没有成年人管教,他们变得很野蛮,自发地形成了欺凌方和被欺凌方,最后,这种对峙到了凶残的地步。一群青春期的孩子,瞄准了群体里最脆弱的目标,以发泄自己的挫败感和怒火。他们把年仅 14 岁的女孩里纳淹死在水里,其中一个男孩还一边抽烟,一边把里纳的头摁在水里,其他没有直接参与的人就在一边看着,但没有一个人试图去阻止,事后也没有一个人去报警。事情过了很久,才有成年人发现女孩的死亡。令人惊讶的是,这名凶手跟里纳年龄相仿,最多只差一两岁。

很多人对这本小说的解读是:孩子单薄的文明外衣下,隐藏着一种未被驯服的野蛮,只有权威的力量,才能遏制住他们内心虐待生命的冲动。没有成年人在场,或许也是出现欺凌的一个主要原因,但欺凌背后真正的原因,却是孩子的依恋关系出了问题。看到真正的原因,才能从根本上解决问题。

事实上,动物世界也存在同样的现象。

美国国立卫生研究院有一个猴子实验室,研究人员把小猴子和成年猴子分开,并默认小猴子们会互相照顾。但和成年猴子不同的是,这些年幼猴子大部分都出现了欺凌行为,它们变得非常冲动,充满挑衅情绪,还会自残。

在南非的一个野生动物保护区,白犀牛不仅稀有而且容易死亡。一开始,大家把原因归结到偷猎者身上,但后来才发现,罪魁祸首是一群离群的幼象。原来 10 年前,大象数量超出了园区的容纳能力,巡护人员决定杀掉一些成年象。于是,一些小象成了孤儿。

随着时间的推移，很多失去父母的小象开始成群结队，出现了一些正常大象一般不会有的情况。它们向犀牛丢木棍、泼水，就像是住在邻家的欺凌者。一些雄象则更为暴力，它们甚至会撞倒犀牛，踩踏或者跪在犀牛身上，直到把它们活生生压死。问题的解决方案，就是放入一头成年象去引导这些小象，去阻碍它们的欺凌行为。很快，这头新加入的成年象就树立起了自己的权威，摆平了那些小欺凌者，这场对犀牛的杀戮也就此停止。

从上面两个动物的案例中，我们可以看出，当父代和子代的自然等级遭到破坏后，欺凌就出现了。这个道理换到人类世界中，就是当孩子与成年人缺乏依恋关系的时候，亲子之间的自然等级就会混乱，欺凌随之产生。你觉得震惊吧？但这就是事实。看不到，就解决不了问题。《蝇王》中的孩子，都在飞机失事后永远失去了爱护自己的父母，无人看管，只能自行其是。被害人里纳和杀害她的凶手，都来自不幸的家庭，没有成年人可以依赖和求助，所以他们只能依赖同伴。

依赖同伴的孩子，因为没有了父母的引导，他们会出现退化，一直退化到靠本能和冲动做事。不仅如此，缺乏健康依恋关系的孩子，还会呈现出控制的本能。这一点，我在接下来会讲到。

很多人认为，欺凌是源于道德问题、家庭虐待、缺乏管教，或者从外界社会中接触了太多的暴力信息。从某种程度上讲，欺凌可能的确来自这些问题，但我深信，欺凌实质上是依恋缺失的恶果。依恋的重要性不得不再次放到首要地位。然而，很多父母不以为然，所以常常犯一些本来能避免的错误。前面提到的猴子、小象和孩子，都是生理或者心理上的孤儿。小猴子被人为地和父母分开了，小象的父母被宰杀了，《蝇王》中的成年人死了。所有留下的这些生命——动物和孩子，都是尚未成熟的生物，他们失去了可以信赖的亲子关系，面对着难以忍受的依恋空缺。

《纽约时报》报道的一项研究表明，孩子和同伴在一起的时间越长，离开父母的时间越长，就越容易出现欺凌的行为。"青少年每周离开母亲的时间如果超过30个小时，则有17%的概率会变成欺凌者和捣蛋鬼。而相比之下，每周的日托时间不超过10小时的孩子，只有6%的可能性会出现这种情况。"

与父母关系越疏离，越容易面临欺凌问题

为什么依恋同伴的孩子，容易变成欺凌者或者被欺凌者呢？我们在前面解释过，依恋对人类生活的主要作用，就是让一个成熟的成年人，心甘情愿去照顾一个不成熟的孩子，而依恋做的第一件事，就是让父母是父母，孩子是孩子，保证自然的等级关系。这是我们反复强调的，但却时常被父母所忽视。正常情况下，孩子的依恋脑会引导孩子去依赖别人，这样一来，成年人就可以发挥主导作用了。

但是，在任何依恋关系中，即使双方都不具备当主导的资质，还是会激发出各自的主导或依赖本能。被激发出依赖本能的一方，会指望对方照顾自己，而主导的一方，则需要担负起照顾对方的责任。在孩子和成人的依恋关系中，这种功能划分体现得非常明显。而当双方都是孩子的时候，结果就很糟糕了。有的孩子只追求主导地位，却不承担任何照顾的责任，而需要依赖的孩子，就得不到任何呵护。这就是依恋同伴的结果。在这种关系下，本该平等的孩子，却需要建立一种不正常的主导与服从的等级关系。

事实上，一些扮演主导角色，也愿意承担主导作用的孩子，的确会像鸡妈妈一样，照顾更小一些的孩子，照顾他们的需求，保护他们。他们可能会表现得专横，喜欢命令或指使其他孩子，但是他们这样做，是为了照顾依赖自己的同伴，承担自己的责任。在某些时候，这些孩子可以胜任这种角色。尽管他们的方式很专横，但他们并不是欺凌者，他们不欺负弱小，只会刁难那些打扰自己照顾孩子的人。他们不会攻击别人的弱点，只会攻击利用这些弱点的人。他们有良好的品行，对依赖自己的同伴，有一种保护的本能。他们可能会打架或者争吵，但不是为了抬高自己的地位，而只是为了保护同伴。格特鲁德·钱德勒·沃纳的经典著作《棚车少年》中，虚构了一个关于孩子互相照顾的故事。故事中的4名兄弟姐妹失去了父母，成了孤儿，他们没有去并不亲近的爷爷那里寻求照顾，而是决定互相照顾。年龄最大的亨利，甚至找了一份工作来抚养弟弟妹妹。

不过，这一切的前提是，孩子之间的这种依恋，是原生关系派生出来的。否则，当一个人只渴望主导权，却缺乏担当意识时，就会变成欺凌者。面对同伴的需求，他们不是满足，而是贬低；面对同伴的弱点，他们不是保护，而是利用；面对同伴的脆弱，他们不是帮助，而是嘲讽；面对同伴的残疾，他们不是担心，而是取笑。同伴往往看不到对方的内心需求，因此也就无法无条件地满足对方。

主导地位，是不会激发出欺凌者的照顾意识的，因为他们为了掩饰自己的脆弱，内心变得十分冷酷，不会有关心或负责的感情。欺凌者会严格地封闭自我，远离任何可能让自己打开心扉的事情。因此，欺凌者是看不到自己的缺点和错误的。对欺凌者而言，无情是一种优势，他们不会流泪，无所畏惧。而关心则意味着，要对某人或者某事付出情感。责任心意味着，要打开心扉去感受自己的无能或内疚。于是，"我不在乎"和"不是我的错"成了欺凌者一贯奉行的准则。原本，在产生主导本能的同时，是应该同时产生出责任心的，但如果内心冷酷，封闭了情感，不仅不会出现责任心，还会把这种主导本能毁灭性地转换成欺凌。一个孩子是无法无条件接纳另外一个孩子的，所以身为父母必须承担让孩子依恋的重任，这是在教养过程中父母必须谨记的一点。

得不到安全感的孩子，很容易变成欺凌者

说来让人意外，但事实上，和依赖者相比，主导者其实更加脆弱。越是情感封闭的孩子，就越想支配别人。有时候，这种支配的动力，可能是来自扮演依赖者时所经历的痛苦。父母可能觉得奇怪，但这却是事实。看不到这一点，就无法看到孩子内心的痛苦。

当父母或者抚育者滥用自己的权利，随意责骂孩子，践踏孩子的尊严，给孩子带来了伤害时，孩子就会不惜一切代价，摆脱依赖者。此后，在任何新的依恋关系中，孩子都会本能地寻求最佳主导位置。小男孩弗兰克和继父一起生活的时候经常被打，于是他转而选择了依赖同伴。在同伴关系中，这个12岁的孩子非常渴望爬到关系的顶端，成为主导者。他准确地模仿自己亲身经历过的场景，就是这样，都不用基因遗传派上用场，大欺凌者就能"培养"出小欺凌者。

在父母那里得不到安全感的孩子，也很容易变成欺凌者。一方面，孩子会拼命抵触父母的引导，渴望获得超出自己能力范围的自主权；另一方面，他又十分渴望一个足够强壮和智慧的人，能来照看自己。

不仅如此，很多"放权"的家庭也会诞生欺凌者。这是很多父母万万没想到的。有些父母为了保护孩子，会帮助孩子扫清成长路上的所有障碍，而这种方式教育出来的孩子，在面对不可能完成的事情时，永远不会表现出成长过程中该有的挫败感。他们失去了从挫败到无力，放手，然后再适应的体验机会。有的父母把放纵和溺爱，误认为这是对孩子的尊重，但这种尊重，并不是在满足孩子的合理需求。这是非常常见的，也是需要警惕的。有的父母以为给孩子选择，就等于给了孩子自主权，但孩子在没有成熟之前，根本就无法完全自主选择，此刻他们需要的，只是可以表达自己的失望，自由反抗自己不喜欢的事情。还有的父母，指望孩子满足他们自己的依恋需求。还有些父母虽然陪在孩子身边，但却因为生活的各种压力，无法在情绪上专注地陪伴孩子。为人父母之难在于无法看到孩子真正的需求，总是急于解决问题。其实，问题的真正解决方法在于看见，看见真正的孩子。另外，父母缺乏自信、消极被动、犹豫不决的家庭，也会出现欺凌者。父母一旦这样，孩子就会在依恋本能的作用下，自动占据主导位置。这类孩子会表现出专横、控制欲强。有个5岁的孩子对妈妈说："你都不做我让你做的事，怎么还说爱我呢？"另一个学龄前的孩子，在妈妈耳边悄悄地说："如果你不听我的话，我长大后就杀了你。"当父母在亲子关系中摆不正自己的位置时，孩子的依恋情感就会发生扭曲。而当这些孩子变成依赖同伴后，大脑就会自动选择主导的角色，他们会欺凌自己的同伴。

欺凌，是为了满足依恋的饥渴

一个人获得主导权的方式有很多，其中最直接的方式，就是吹嘘炫耀，假装自己是最厉害的、最重要的、最好的，但最常见的方式，就是贬低别人。欺凌者通常都在忙着向别人证明谁才是老大，忙着让别人听从自己。能辅助这一过程的方式有很多：傲慢、轻视、辱骂、贬低、嘲弄和取笑。欺凌者非常善于捕捉，也非常善于利用别人的弱点和不安全感。为了抬高自己，他们会本能地贬低别人。他们很享受捉弄、愚弄或者让别人丢脸的过程。他们根本不用专门去学习怎样才能达到这些目的，欺凌者心理自动就赋予了他们这些技能。

当然，欺凌者想要的，其实也是每个孩子都想要的东西——满足依恋的饥饿感。对欺凌者来讲，他们在追求满足感的时候，更会注意让自己不会受伤。在前文提到的6种依恋方式中，最不容易受伤的方式，就是寻求共性，也就是把自己变得和依恋对象一样。这样一来，欺凌者的主要攻击目标就成了差异性，任何突出的、独特的和同伴不认同的东西，都会让孩子成为欺凌者的目标。欺凌者特别反感别人身上的不同，会通过攻击这些不同点来控制对方。另一种不容易受伤的依恋方式，是成为依恋对象眼中那个有价值、很重要的人。欺凌者受不了别人比自己重要，迫切想获得优越感，所以，他们一边嘲笑别人的缺点，一边又鄙视别人的优点。

第二种实现控制权的方法，是威胁。他们通过激将法、谎言和恐吓等方式，引起对方的恐慌，激发对方的恐惧，好让自己占据上风。为了稳固自己的地位，欺凌者会时刻表现得无所畏惧。这就是为什么有些青少年为了证明自己的胆识，会做出一些十分荒谬和残忍的事，比如展示自焚或者割腕的伤疤。我们绝对不能低估这些本能冲动的力量。记住，和孩子讲道理是不可能的，因为我们的道理在他们看来，并没有任何道理。

当然，人类获得支配权最原始的方法，就是借助身体上的优势。在多伦多的一个审讯案中，4名青少年被指控将一名15岁男孩殴打致死，其中一名孩子出庭作证，声称朋友在攻击完被害人后一直吹嘘自己。这种原始方法，会出现很明显的性别差异，女孩的身体会成为很多欺凌者的攻击目标。

第四种获得主导权的方法，是要求别人绝对服从，这是典型的欺凌行为。这种情况下，欺凌者要求别人必须按照自己的想法做事，不达目的誓不罢休。是什么让欺凌者敢于这么苛求？我们不妨回顾一下依恋和脆弱之间的作用。因为无法依赖成年人，同伴依恋又填补不了依恋空缺，欺凌者内心充满了挫败感，但他们自己意识不到这一点，他们提出的要求，跟自己挫败的原因完全不同。因此，他们总是无法获得真正需要的东西——温暖、爱和关系。别人的服从，是无法取代真正的需求的。于是，无论服从者怎么回应，怎么照顾欺凌者的需求，都不能满足欺凌者对情感的需求。但因为欺凌者体验不到无力感，所以他们也不愿放手，会继续提出要求。这是一个恶性循环。

服从是忠诚的显著象征，欺凌者格外渴望这种忠诚。如果对方并不是发自内心地顺从，只是迫于要求或者威胁才这样，欺凌者也不会很在意。即使没有获得支配的权利，欺凌者也会毫不犹豫地提出要求，强行拿走别人并不愿意给的东西。欺凌者不能区分表面的尊重和发自内心的尊重，也不明白强求来的亲密是不真实的，永远无法让自己感到满足。因为无法得到真正的满足，欺凌者的依恋饥饿和挫败感会变得更加强烈。而上述方式，永远也无法帮他们得到自己真正想要的东西——一种能让情感得到满足的关系。

父母的角色越缺位，孩子越容易被伤害

欺凌者的要求一旦遭到了拒绝，即使对方的拒绝很委婉，欺凌者也会被激怒，转而攻击别人。比如，欺凌者对不服从极为敏感，别人的一个眼神，都有可能会激起他的抵触心理。当其他孩子从欺凌者的身边经过时，就像过雷区一样，小心翼翼，生怕走错一步就会引爆对方。不幸的是，有时候孩子并不清楚哪一步是错的，直到踏出去以后才知道，可到那时一切都为时已晚。对于贾斯汀来说，她的错误就是不小心在餐厅碰翻了欺凌者的餐盘；对于弗兰卡来讲，她的错误是和班上欺凌者所喜欢的男生跳了一次舞。这两个女孩因为自己的所谓错误，遭受了数月的威胁和骚扰，生活变得无比煎熬，学习成绩也因此严重下降，虽然她们本身都很懂得察言观色，但还是遭遇了欺凌。

在现实生活中，很多孩子根本无法避免这种危险的状况。除非孩子具备强大的感知脆弱的能力，才能读懂敌意和拒绝，而如果是同伴导向的孩子，因为正常心理防御机制被损伤了，当警报系统不灵的时候，孩子就无法读懂那些提醒他危险迫近的信息。但是，很多崇尚给孩子自由的父母却无法看到这一点，这也导致他们找不到教养问题的根源，从而陷入一种挫败之中。同伴导向不仅创造了欺凌者，还为欺凌者培养出了受害者。这些不幸的孩子，一直都逃不掉被伤害的命运。

一个典型的案例是维多利亚省一个女孩被殴打溺水身亡。被害人里纳·维尔克的同伴导向特别强烈，但她的防御心，又使她感觉不到同伴带给她的伤痛。越是被同伴拒绝，她就越想融入他们。她没有因为惊慌而提高警惕，反而还认为对方会对自己好。即使在生命的最后时刻，她还在反复乞求欺凌者对自己好点，告诉对方自己爱她们。在整个美国的校园里，每天都会有人上演和里纳类似的场景，只是程度不一罢了。孩子们正一步步走向危险，因为他们已经不再理睬那些警觉的暗示了。孩子看不到自己身处险境，这让父母为之伤心。

另一个让欺凌者受到刺激的，就是别人的脆弱。孩子永远不能让欺凌者知道自己的弱点，否则他就会为此付出代价。暴露自己的脆弱，欺凌者就拥有了匕首；说出对自己而言重要的东西，欺凌者就会想办法破坏；需求、渴望和热情，这些内心的需求只会让自己成为欺凌者的攻击目标。孩子自己知道内心的需求，但父母却不知道，因此也就无法挽救身处险境的孩子。以上道理，大部分孩子都知道，所以他们会在那些可能攻击自己的人面前，小心翼翼隐藏起自己的脆弱。他们不能说想父母，否则就会成为同伴的笑柄；他们不能承认某句话伤害到了自己，否则就会遭到无情的嘲弄。他们不能承认自己敏感，否则就是无休止的嘲笑。他们必须学着隐藏自己的恐惧，永远不能表现出警惕心，否认自己就会受到伤害。要想在被欺凌者统治的领域内存活下来，孩子必须小心地隐藏起所有的脆弱和敏感。这也就是为什么那么多孩子在面对被欺凌者时，会选择压抑内心的同情。

同伴关系中，有些孩子成了服从者。面对扮演主导者的同伴，因为依恋本能的作用，扮演服从者的孩子会自动表现出服从。在某种程度上，表现服从就是表现出脆弱，就像狼为了表示服从，会向更强大的狼群领导者露出自己最脆弱的喉部。自然情况下，向对方展现自己的脆弱，会引来对方的关切，触发对方的关心。然而，这种脆弱在欺凌者眼里，就像公牛眼里的红布一样，会点燃欺凌者内心的攻击冲动。虽然无论是服从者还是欺凌者，都只是在追随无意识的本能，但后者却会给前者带来致命的伤害。

欺凌，让孩子更不被看见

欺凌者有一个不同寻常的依恋过程，我把它称为"无辜型依恋"。一个情感健康的人，在想要亲近一个人的时候，直接表达自己的需求和渴望，不会隐藏自己脆弱的一面。但对欺凌者来说，公开亲近别人真的太冒险了。尤其对有同伴导向倾向的欺凌者来说，说"我喜欢你""你对我很重要""你不在的时候我很想你"或者"我想让你做我的朋友"之类的话，简直太可怕了。因为他们永远不会承认自己情感的空缺，大部分情况下，他们都意识不到自己的这种空缺。

那么，欺凌者想要亲近别人，又会怎么表示呢？欺凌者会通过推开自己不想接触的人，来靠近自己想亲近的人。此时父母如果能发现孩子想亲近别人的欲望，或许可以挽救孩子。尽管这种方式不直接，也不是很有效，但却把欺凌者被拒受伤的风险降到了最低。这种方式下，欺凌者可以永远表现出一副漠不关心的样子，他不会把自己暴露在某段关系中，不会直接和喜欢的同伴接触，而是会先拒绝和别人接触，并大张旗鼓地忽视、回避他们，尤其是自己真正想接触的人在场的时候。欺凌者也不会模仿自己喜欢的同伴，只是会嘲笑和模仿其他人。欺凌者太冷漠了，无法对重要的人打开心扉，所以他们也不让那些不重要的人知道自己的秘密，为此，他们甚至会编造出一些假秘密。孩子越隐藏自己的内心，父母就越难采取合适的方式教养孩子，孩子的需求不被看见就很正常了。

至此，我们能勾画出欺凌者的性格：疏远一方，是为了亲近另一方；嘲笑一方面，是为了取悦另一方面；排斥和抗拒这个人，是为了巩固和那个人的关系。这听起来有点不合常理，但却是事实。父母如果看不到这一点，就无法理解那个总是欺凌别人的孩子。欺凌者为什么这么做？因为爱有危险，但恨没有；喜欢有风险，但轻蔑没有；效仿那个人可能会伤害到自己，但嘲笑其他人却不会。欺凌者在前往目的地的路上，会本能地选择自己受伤最少的路线。

这种本能使然，让受害人十分茫然："为什么是我？""我做了什么要受到这种对待？""我明明在专心忙自己的事情，为什么他要找我的碴儿？"实际上，他们成为受害人，跟他们本身的行为基本上没有什么关系。欺凌者为了达到自己的目的，总需要找人为他们的目的牺牲。很多人以为，不被入选找碴范围的唯一条件，就是成为欺凌者的依恋对象。不幸的是，这种依恋策略，实际上会让无辜受害者的心理创伤变得更加严重。一些被欺凌的孩子，一般都会觉得自身哪里出了问题，或者认为自己在某种程度上也有一部分责任。如果这些孩子生活中没有成人用稳固的依恋关系来保护，他们就极可能遭受情感上的创伤，或许是情感封闭，或许是抑郁，甚至更糟。

随着欺凌者数量的增多，孩子被盯上成为受害人的可能性也会增加。两个或者多个有同伴导向的孩子聚在一起时，不管在哪里，都很可能因为同时排斥某个人，而无意中建立起依恋关系。"那个傻瓜来了""她是个势利眼""这人是个混蛋"这类攻击性语言可能接二连三，一直不断。成年人可能会对这种行为感到不解，因为其他时候，这些孩子非常有礼貌，很招人喜欢。有些孩子的性格多变，他们的表现完全取决于自己跟谁在一起，依恋的磁石是被吸向了负极还是正极。

无论孩子是欺凌者还是被欺凌者，他们都极容易隐藏自己的内心，让父母难以发现真正的自己，从而教养变得更加困难。而身为父母，如果不具备洞察力和耐心，是很容易陷入教养困境的。

坚硬外壳下的脆弱生物

欺凌会造成严重的后果，然而，欺凌其实并不是一种故意的行为。没有哪个孩子生来就想欺负别人，也不会特意去学习怎么欺负人。欺凌者不是十足的坏蛋，只是比较冥顽，是父母和老师眼中无法孵化出的蛋。欺凌是人类情感脑区中两种最重要的心理动力——依恋和防御心互相作用的结果。这两种强大的动力，成功掩盖住了孩子的内在性格。隐藏得如此之深，让父母难以发现，也给教养带来了困难。

想要拯救欺凌者，我们必须先打压一下他的傲气，这里说的打压不是教育、惩罚或者贬低他，而是让他重新融入一种自然的亲近关系中。欺凌者唯一的希望，就是自己能依赖一个成年人，而且这个成年人也愿意满足他的情感需求。他们强硬的外表下，实际上是一个饱受创伤、极其孤独的孩子，一旦遇到真正关心自己的成年人，他们强硬的外壳就会瞬间软化。一旦父母看到这一点，就极容易找到问题的出口。一位中学心理辅导老师告诉我："我曾经问过一个欺凌者：'每个人都怕你的感觉好吗？'他回答说：'我看起来有很多朋友，但实际上一个也没有。'说着，他就抽泣起来。"只要欺凌者的内心不再空缺，不再需要通过不断填充依恋饥饿来支撑自己，欺凌就成了没价值的方式。父母只要看到孩子的内心，孩子再坚硬的心也会变得柔软起来。看见，不仅让父母得以重新认识孩子，也让父母看到教养的希望。

在《指环王》三部曲的第二部《双塔奇兵》中，有一个关于依恋需求得到满足后的例子。咕噜是一个骨瘦如柴、心理扭曲、渴望情感的生物，内心充满了痛苦和仇恨，当他依恋自己的"主人"霍比特人佛罗多的时候，他的内心展开了一段对话。他对心中那个不可靠、善于操纵、甚至怀有杀意的自己说道："我们再也不需要你了，主人会照顾好我们的。"

欺凌者，本质上是包裹在冷漠的坚硬外壳下的敏感生物，极不成熟、依赖性强，却还想占据主导地位。同伴导向不仅会引发欺凌，还会加剧欺凌的程度。欺凌者的所有特性，都源于两种强大动力的结合，这两种动力分别是强烈、扭曲、错位的依恋和逃离脆弱的迫切渴望。这种结合出来的产物，就是欺凌者——一个强硬、卑鄙、要求极高的孩子，不断为自己挑选可以找碴的对象，并嘲弄、取笑和恐吓别人。另外，欺凌者对别人的轻视是非常敏感的,也很容易被激怒,他无所畏惧,没有感情,以欺负弱小为乐。

我们说过,同伴导向既培养了欺凌者,也培养了受害者。我们一直天真地认为,让孩子们待在一起,会帮助他们培养平等的价值观和关系。但实际上,这样做却催生出了一种有害的、新型的依恋等级关系。我们其实是在打造一个蝇王中那样的社会,在某种程度上可以说,同伴导向在把孩子变成孤儿,把学校变成孤儿院。现在的学校,成了同伴导向的孩子聚会的地方,在学校餐厅、教室和操场,他们都不受成年人的监管。紧随同伴导向出现的,是依恋等级关系的重构,所以学校变成了欺凌者的工厂,虽然这是无意造成的局面,结果却是非常让人恐惧的。

大部分应对欺凌的方法,之所以都不奏效,是因为它们没有注意到欺凌背后的动力。有些人把欺凌看成一种行为问题,觉得可以通过处罚来纠正,他们不仅没有意识到由此引发的消极后果,还进一步加剧了欺凌者的挫败感,把他们推得更远了。

真正能改变欺凌者的唯一方式,是扭转欺凌背后的动力,即让孩子重新融入一段健康的依恋等级关系,让他们放下戒备心理,满足他的依恋饥饿。这项任务可能非常艰巨,但却是唯一能成功的方法。目前,有些方法把关注点都放在了阻止欺凌行为上,或者规劝孩子要友好对待同龄人,但实际上,这并没有抓住问题的本质。看不到行为背后的问题,就无法解决问题，父母也常常会面临无助感的问题。保护受害者的最佳方式，就是让他们调整自己，重新依赖对自己负责的成年人，感知自己脆弱的一面，学会在挫折面前流泪。

与父母关系疏离、不愿依赖成年人的孩子，同时也是面临风险最多的孩子。

我曾参与过加拿大国家电视台一档关于欺凌的节目。节目采访了一些因被欺凌而自杀的孩子的父母，还采访了一个因为被欺凌而过得非常凄惨的女孩。女孩的妈妈说，女儿几乎每天放学后都忍不住大哭，和自己讲述在学校的痛苦经历。节目结束后，主持人担心女孩可能有自杀的倾向。我告诉她，女孩对妈妈的依赖、倾诉和泪水都是对自己的解救。她的眼泪表明她的内心已经被看见。那些自杀的孩子，在父母眼中是个谜，而且他们的父母是看不到孩子内心的真正痛苦的，他们的自杀完全出乎父母的意料。那些自杀的被欺凌者，有着非常严重的同伴导向，根本不会告诉父母自己经历了什么，并且对脆弱的防范心很强，即便遭受创伤，也不会流泪。他们会一直压抑自己的沮丧情绪，直到自己再也无法承受。

在上面几个案例中，孩子攻击的都是自己，而不是别人。从这个角度讲，欺凌者和受害者出现的原因如出一辙，都是因为不够依恋那些能呵护自己的成年人，没有跟父母建立起健康的亲子关系。有时，孩子无论多难过，只要能够依靠父母，能和父母一起面对烦心事，在父母面前产生无能为力的感觉，他们就不会冒险攻击自己或者别人。所以，当孩子产生想吐露心声的时候，父母要看到，并且鼓励孩子勇敢说出自己想说的话。

第11章
扭曲的性意识

身为父母,应该看见:

·青春期的性,经常表达的是一种未被满足的依恋需求。
·当孩子迫切需要满足原始依恋时,会把性当成实现亲密的工具。
·性能短暂地安抚依恋饥饿,但却无法真正满足依恋需求。
·我们或许无法保护孩子不受伤害,但满足孩子的依恋需求就可以降低孩子面临的风险。

13岁的杰西卡从小身体肥胖,在学校总是被小集团排挤。最近,她跟朋友史黛丝咨询了一个问题:"我同学让我跟一个男同学发生性关系,因为这样,才能证明我跟她们一样成熟,和她们才是一伙的。那个男生我完全没兴趣,但同学们最近都在因为这个问题打赌，猜我会不会答应。第一次有这么多人关注我，我要不要答应？如果我不答应，同学们会不会从此再也不理我了？"史黛丝也很困惑，看朋友好像很在意这件事，但又觉得不应该去做。于是，她把杰西卡的问题告诉了父亲。史黛丝的父亲考虑了一下，觉得应该把这件事告诉杰西卡的父母。杰西卡的父母听到后非常震惊，他们之前完全不知道女儿处境之危险，也不知道这样的性交易给她带来了怎样的压力。但是，当他们带着自己的忧虑去找杰西卡谈的时候，她说自己已经答应了同学！这种情况下，她并不是屈服于那个男生的性要求，而是单纯地向同学的势力屈服了。

杰西卡跟父母关系很疏远，她很少谈及父母，就算谈，也只是抱怨父母干扰自己的生活。她渴望同伴的接纳，沉迷于社交网站，十分讨厌成年人关于学业的价值观。对她来说，生活中最重要的就是被朋友喜欢、需要和追求。

17岁的尼古拉斯的经历，是青春期孩子的另一个典型。尼古拉斯说："我跟很多女孩交往过，也发生过性行为。这一点让我的朋友都很羡慕我，但其实我跟这些女孩并没有什么感情。跟她们交往的唯一好处是：又可以跟好哥们儿吹一次牛了。"

"我感觉自己和家人的关系不是很好。事实上，朋友比我的家人更像家人。我甚至都不想和家人待在一起了。"尼古拉斯有三个妹妹和深爱着他的父母，但家人的爱却并没有让他感到满足。青春期的时候，父亲有两年忙于自己的事业，而母亲则遭受着应激性抑郁的煎熬。两年的时间虽然不长，但却是尼古拉斯的非常重要的两年，他的依恋在这两年中正好出现空缺，只能转而把填补的机会留给了自己的同伴。

对尼古拉斯来说，交到女朋友，就意味着征服和胜利，能成为别人关注的焦点，能提高自己在哥们儿心中的地位。对杰西卡来说，一次性交是一种步入社会的仪式，想要融入自己渴望的社会圈子，这是自己必须要做的牺牲。而对14岁的海瑟来说，性则是打败其他女生的一种资本。

海瑟是一个非常依赖同伴的孩子，很受异性欢迎，所以能吸引那么多男生她很是骄傲。她从12岁开始有性生活，但是父母却浑然不知。她的性经验比同龄人都丰富，并向我吹嘘，高中前自己同时在三所学校有男朋友，而且基本都是最帅的男生，她很瞧不起那些一个男朋友都没交到的女生。说这些话时，她的语气里充满了自豪。

当然，不是所有与父母关系疏离的青少年，都有性方面的出格行为。性，本身也很少是单纯为了性。有时，性是为了满足一种渴望，可能是为了逃避无聊或者孤独，也可能是占有的一种方式，或者是为了和另一个人发展亲密的关系。性可以是地位和身份的有力象征，可以用来标记、归类、相融一些人，也可以用来占有、屈服、取悦一些人。在某些情况下，性反映了一种没有界限和无法拒绝的状态。当然，性也可以表达爱、诚挚的热情和真正的亲密。但几乎所有情况下，性都是一种依恋。然而，很多孩子对于性的追求，并不是因为真正的亲密，而是因为亲子关系出现空缺，同时又渴望依恋，所以才出现的。青春期的性，经常表达的是一种未被满足的依恋需求。这个结论让父母震惊，也难以接受，但却不得不接受。亲子关系、逃避脆弱和个体不成熟，依然是青少年无法妥善处理"燃烧荷尔蒙"的症结所在。

性，依恋饥渴的表现

自然规律下，性发生在成熟的个体之间，而不会出现在孩子和他们的看护人之间。所以，当孩子向成年人寻求情感亲密时，是不太可能发生性关系的。但如果这些孩子与父母关系疏离后，原来同样的亲近渴望，就会转变成性倾向。发现这一点让同为父母的我很震惊，但是看到这一点对青春期孩子的父母来说非常重要。性成了同伴依恋的一种工具。和父母不够亲密的孩子，最需要从同伴那里获得亲密感，而获得的方式，更多的是通过性，而不是情感或言语。尼古拉斯、海瑟和杰西卡的情况就是这样，为了满足自己对情感和联系的渴望，他们选择了性作为方式。

当孩子迫切需要满足原始依恋时，会把性当成实现亲密的工具。在 6 种依恋方式中，第一种就是借助感官，身体接触。如果孩子想通过身体接触来亲近同伴，那么性就是一种非常有效的方式。如果孩子想通过和同伴寻求共性，来建立依恋关系，那么他的行为就会屈服于同伴的价值观，杰西卡明显就是这种情况。

孩子如果被第三种依恋方式"保持忠诚"所吸引，性接触可能会非常有诱惑力。如果孩子被第四种方式"在某人心中占据重要地位"所吸引，那么孩子的主要目的就是确定自己的地位或吸引力，性也将是一个非常有效的辅助工具。

当然，性接触也可能代表真挚的感情和真正的亲密。但是，对与父母关系疏离的孩子来讲，基本是不可能出现这种情况的。虽然他们可能也会这样想，但这类孩子的情感是封闭的，不够成熟，无法将自己与他人的性关系，提升为最高形式的依恋关系。这一点，接下来我会简要解释。

性，逃避脆弱的方式

从某种程度上来说，性会把两个人连接在一起，但同时，也会把彼此拉进一个极度脆弱的区域——情感伤害，心碎。通过性联系到一起的两个人，是无法避免痛苦的。当性完成了连接的任务，任何形式的分离，都会让当事人痛苦不安，这种体验，大部分成年人应该都非常熟悉。性促成了强烈的依恋情感，而反复分离或者拒绝，会让人变得很脆弱，不堪一击。这些强烈而极端的经历，会引发情感上的创伤和冷漠。

青春期的孩子在性方面越活跃，在情感上就会越冷漠。这种现象在有些人眼中可能是一件好事，可以让孩子安全地"玩火"，不受伤害。但是，靠性逃避脆弱感的代价，却激发了他们的伪装潜能，降低了孩子感知生命的自由和深度。

即使是短期的性着迷，也会激发青少年的脆弱防御心理。我们不能因为青春期的孩子看起来态度洒脱，就觉得他们真的不会受到影响。真正看到他们的内心，身为父母的我们是极为心痛的。性接触让他们感知不到脆弱，却会让他们的防御机制变得更加强大。海瑟告诉我，有次约会她被对方强奸了，说这件事的时候，她的语气看似毫不在意，让人觉得这件事对她真的没有什么影响。不难看出，她这样表现只是为了掩饰自己的脆弱，除非她完全改变表面的冷漠，否则这种伪装的坚强，只会让她陷入危险。我曾经问一位年轻的来访者，为什么在聚会中和女性朋友喝这么多酒，她想都没想就说："醉了就不痛了。"

情感冷漠的最终代价，就是让性失去了黏合爱情的功效。最终，性会变成一种冷漠的依恋活动。无法依恋父母的青少年，性可能会让他们上瘾，因为性能短暂地安抚依恋饥饿，但却无法真正满足依恋需求。剥离了情感和脆弱感的性，可能让性行为得到解放，但却会把孩子带到情感脱敏的黑暗地带。

海瑟活泼开朗，引人注目，她的谈吐或感情中从不会透露出一丝脆弱。她感受不到恐惧，也不承认自己会想谁，没有不安全感，不会觉得自己的所作所为有什么不好的地方。尼古拉斯也在逃避脆弱，变得非常傲慢，对人评头论足。他毫无顾虑，也没有不安全感。他鄙视弱者，不喜欢失败者。以上这两个孩子，都不会被什么事感动。在接触性之前，他们就已经习惯了掩饰自己的脆弱，而性行为则让他们变得更冷漠了。

海瑟和尼古拉斯会随意在别人面前谈及性，从来不会觉得不好意思。这种轻松，是掩饰脆弱感和不被看见所带来的副作用，看似轻松有趣，却极具欺骗性——毫无顾忌地跟别人分享私密问题时，他们竟然丝毫没有被侵犯的感觉。很多成年人对青少年如此开放的性态度，感到深深的震惊，或许觉得孩子克服对性的保守和胆怯，象征着一种社会进步。"我们从来不会这么坦率地谈论这种话题，"一个15岁孩子的母亲表示："我们这么大的时候，谈到性会非常难为情，根本不好意思提。"这位母亲没有看到的是，青少年谈论性时表现出的不害羞，跟勇气其实并没有什么关系，连隐私都无所顾忌的勇气，恰恰反映了他们的心已经冷漠。揭露本就不在乎的东西，哪里需要什么勇气。心冷漠，人就感觉不到脆弱，就不会因为分离而痛苦。一个人如果没有痛苦的感觉，就再也无法被什么触动了。看见孩子行为背后的原因，会让父母心痛。但是，比心痛更痛的是选择视而不见。

能感知脆弱的孩子，任何一次性行为，都会让他陷入强烈的情感中：说不清但又挣脱不开的依恋、难以触及的脆弱。青少年之间的性行为，虽然有时会让双方变得更加亲近，但他们不能指望对方会因此留在自己身边。伴侣关系很可能让他们昏了头，有些人试图拼命抓住对方，不懈地追求，期望一生相伴，从而避免遭受分离的伤痛。有人会因为突如其来的亲密感而倍感窒息，会想尽一切办法让自己脱身。如果伴侣关系影响到了双方，孩子会觉得自己的个性和人格被扼杀了，他们不再去挖掘自己的喜好，也不会坚持自己的决定。

有些孩子根本不知道会面临什么后果，就已经开始了性行为。防御心最强的孩子，则会试图摆脱性关系，因为他们已经没有情感依恋了，也感受不到疼痛。无情能让性看起来非常随便，既简单又好玩。而那些还能感知脆弱的孩子，就会在这个环节遇到困难：不管他们愿不愿意，一开始都会受到对方的牵绊，然后在关系无法维系的时候，就会感到撕心裂肺的痛苦。

从脆弱的角度来看，安全的性概念，存在一个完全不同的定义——不是没有传染病或者避免意外怀孕的那种安全，而是没有伤害或者避免冷漠的安全。当然，任何依恋关系都没有安全保障，即便成人间的依恋也是如此。我们或许无法保护孩子不受伤害，但满足孩子的依恋需求就可以降低孩子面临的风险。看见依恋的强大影响力，是成为优秀父母的必备要素。青春期的性，几乎没有任何承诺的保护，没有专一的忠诚，没有体贴的温柔，也没有社会层面的支持。而青春期的性，同样缺乏最深层意义上的保护——心理保护。一个经历了"结婚"和"离婚"的人，会变得心硬或者敏感，会承受极其痛苦的情感，因为有过性关系而又分离，实在是太痛苦了。青少年和成年人一样，都会受到这种分离的影响。并且因为年轻、没有远见，再加上生理上的不成熟，青少年比成年人更容易在性关系中受到伤害。

看见，是最基本也是最有效的教养方法。看见性所带给孩子的一切，重新构筑依恋关系，是解决问题的关键。

先关系，后性行为

最安全的性行为，不是为了建立某种关系而出现的，而是在关系已经让双方安心满足的时候才出现的。性，应该是最后才发生的依恋行为，是排他关系的开始，是用来为情侣创造更加亲密的关系而服务的。人足够成熟时，性行为才会安全。而与父母关系疏离的青少年，最需要但也最缺乏的就是成熟。与父母关系亲密的青少年，在遇到性问题时，至少会向父母寻求指导。与父母关系疏离的孩子则面临着这样的局面：既没有健康的性接触所必需的成熟和决策力，又不能像与父母关系亲密的孩子一样，从有经验的成年人那里获取建议。

在很多方面，成熟是性的先决条件。成熟的首要表现就是个体分离。适当分离是培养健康关系的必要条件。人只有充分明白自己的想法后，才能考虑或者拒绝别人的邀请。我们有了自我保护的本能，才能维护自己的自主权，才能克服个人的局限，才敢说"不"。在健康的性关系中，我们有拒绝的自由，有权选择不被强迫牺牲一切来维护关系。青少年还不够成熟，觉得迎合别人比做自己更重要，所以会轻易地在性关系中受到严重伤害。

和其他分离相比，性分离是最难克服的。成熟的性关系中，很重要的一点就是为对方考虑，而对于心理不成熟的人来说，性不是一种互动的交流。过早接触性行为的人，很容易被伤害和被人利用。

而很多欺凌者，都很爱利用性。性象征了很多欺凌者渴望得到的东西：地位、期望、胜利、尊重、归属、吸引力、服务、忠诚等。不幸的是，欺凌者的情感太封闭了，他们不明白，索取别人不愿意给予的东西是徒劳的。欺凌者想要的，不是鼓励而是占有，不是平等关系，而是自己占有优势。所以，涉及性的时候，欺凌者会强迫受害人。

人要先有智慧，才能做出明智的决定，这种智慧要求我们必须具备处理复杂情感、思想和冲动的能力；做出明智的决定，必须同时具备感受恐惧和渴望的能力；让对方的渴望和自己的渴望并存；维持双方的界限，必须和互相亲近的热情交织在一起；当然，我们还需要具备考虑现在和未来的能力。性应该能同时激发出人心中的期望和不安，人们既应该尊重性，又应该害怕性，既要因为性高兴，也要小心谨慎地对待性。而不成熟的人是不能进行深入思考的，他们只会享受当下。

青少年缺乏智慧和远见，没有控制冲动的能力，也还不能自行决定。当然，我们可以使用自己成年人的智慧，给孩子设定周密的安排，或者充当他们的性顾问。如果孩子向我们寻求建议，我们会毫不犹豫地告诉他们，性一定要以恋情为前提；我们会建议孩子耐心等待，直到他们相信自己的恋情已经足够健康，超过了性接触的冲动，建立在真正的亲密上。但对于与父母关系疏离的孩子，父母已经失去了这样做的权利和情感基础，不管父母的建议有多明智，孩子都不会听。所有的教养方式都是建立在教养权利的基础之上，父母必须清楚这一点。

　　成年人经常会试着通过观察青少年之间的接触情况，来引导同伴导向的孩子。我们努力想通过训诫、教育、奖励和惩罚来改变孩子的行为，但是，这样的努力用错了地方。只要孩子还是与父母关系疏离，我们就无法纠正他们扭曲的性行为。然而，要想解决孩子过早出现扭曲的性行为，我们就必须先把他们带回他们原本的归属地——我们的怀抱。

第12章
成绩不佳

身为父母,应该看见:

· 只有依恋关系安全稳固了,孩子才会有多余的精力去勇敢探索未知世界。

· 想要调和孩子厌学念头的因素,同样需要培养健康的亲子关系,这样孩子才能感受深层的情感和脆弱感。

· 依恋是最强大的学习动力,即使没有好奇心或者吸取教训的能力,依恋也能完成任务。

上小学的伊桑,虽然不是主动学习的类型,但他很聪明,家长和老师为他制订的学习计划基本都能完成,一直算是班里的好学生。即将进入六年级的时候,伊桑的父母来找我,说之前学习还算平稳的伊桑,现在却连作业都不写了。老师说他注意力不集中，经常在课堂捣乱，和别人争辩，出言不逊。父母还发现伊桑另一个问题：他不仅不听他们的话，还变得特别抵触他们，很听同伴的话。他做什么都喜欢跟着同伴，模仿他们的行为，同伴喜欢什么他就喜欢什么，被一个同学疏远后，会马上找另一个同学。

类似的问题也出现在米娅身上。五年级以前，米娅对学习很上心，充满兴趣，爱思考。到五年级后，米娅的成绩开始下降，回来总是抱怨学校的科目很无聊。经常不交作业，即便交了也是敷衍了事，父母对此很苦恼。老师打电话说她上课经常交头接耳，注意力不集中、缺乏学习动力，而这些在五年级以前很少出现。面对父母的担忧，米娅却总是一副无所谓的样子。米娅每天回家的头等大事，就是煲电话粥或者和朋友网上聊天，一旦父母试图制止她，米娅就会用带着傲慢或仇恨的眼神来反抗。

这两个案例都反映出这样的现象：现在的孩子虽然普遍有能力，但缺乏动力；很聪明但学习不好；阳光的外表下都有一颗缺乏活力的心。

为什么会这样？除去教育环境和教师素质这些客观问题之外，我们还是要再回到孩子本身。

歌德说：往脑子里装知识，不能像往口袋里塞硬币那样。孩子愿意主动学习，是很多因素共同作用的结果：对学习的渴望，对未知事物的兴趣，承担风险的意愿，愿意接受外界的影响，和对错误修正有开放的心态。同时，它需要和老师保持联系，需要有集中注意力的习惯，愿意向别人求助，对实现目标和成功有着强烈的渴望，尤其还要有做事的热情。而所有这些因素，都深深根植于依恋情感中，受到依恋的影响。

总结起来，孩子愿意主动学习，其必须具备4种特质：与生俱来的好奇心、统一协调的思维、吸取教训的能力，以及和老师的和谐关系。健康的依恋能让这四种特质得到提升，而同伴导向则会削弱这些特质。孩子的很多问题，都和依恋有关系。所以身为父母者，必须看到依恋的强大影响力。

依恋关系稳固，孩子才有勇气探索未知世界

理想情况下，孩子的学习动力来自对世界的好奇心，他们为了寻求答案去提出问题，为了发现真相进行探索，为了得出结论展开实验。然而，好奇心并不是与生俱来的，而是孩子在成长中形成的产物。

处于成长初期的孩子，能发现自己感兴趣的领域，他们从本能上就有学习的动力。在理解了一件事物的原理后，他们会得到满足感。他们不怕犯错，愿意承担责任，会主动想办法去开发自己的潜能。这样的孩子，如果遇到的老师能珍惜他的这份好奇心，鼓励他们敢于提问，引导他的兴趣，那么，他们就会成为一个自主学习能力很强的人。所以说，这个阶段的孩子，如果在学校表现不好，大多可能是因为他们想学的东西和必须要学的东西，发生了冲突。

好奇心是一种奢侈品。为了保护珍贵的好奇心，依恋所起到的作用尤为重要，只有依恋关系安全稳固了，孩子才会有多余的精力去勇敢探索未知世界。而与父母关系疏离的孩子，所有的心思都拿来维持不稳定的同伴关系了，哪还有多余的精力来保持好奇心。他们对未知事物没兴趣，尤其对所有会影响到同伴关系的新生事物，都产生厌倦。这也就解释了，为什么孩子总是会表现出厌倦情绪。看见依恋的重要性，就是看见孩子的内心需求，也是解决问题的重中之重。

在崇尚"酷"的同伴世界中，好奇心还很容易给孩子带来伤害。对某个学科的热情、对事物运作原理的疑问、独创性的问题——所有这些，都可能受到同伴的嘲笑和羞辱。为了避免受伤，孩子只能选择扼杀自己的好奇心，慢慢地，也会排斥周围人表露出好奇心。好奇心，在同伴关系中面临着濒危的局面。

综合能力，不成熟孩子欠缺的特质

什么是自我激励？自我激励是一种能帮助大脑协调统一的综合思维，让大脑能够处理互相矛盾的冲动和想法。有综合思维的孩子，如果产生了不想上学的念头，会立刻引发他对缺课的焦虑，早晨不想起床，会让他对迟到感到不安。相对应的是，要好好表现的上进心，会压制住他不愿意听讲的想法，对后果的担心，会打消他不想听别人引导的念头。

想实现综合性学习，孩子必须足够成熟，他的大脑能够同时运行两种思维体系，既能处理复杂情感，又能平衡矛盾心理。想改变孩子厌学的念头，同样需要培养健康的亲子关系，这样孩子才能感受深层的情感和脆弱感。看见关系的重要性，才是身为父母所必须具备的洞察力之一。比如，孩子与成年人（父母或老师）的关系足够亲密时，才会在乎他们的想法，在意他们的期望，注意不惹怒他们。孩子的学习也需要情感投资，而如果这方面的投资匮乏，孩子会感受不到伤害，对一切不在乎，必然对学习变得麻木，甚至丧失兴趣。

学习最需要的是综合性的智慧，而不是死记硬背。孩子想要解决问题，需要从多个角度去整合掌握的信息，从事实中发现不同的思想，了解更深刻的意义，揭示潜在的规则。学习的过程，是一个融汇的过程，孩子要从材料中提炼内涵，把零碎的信息整合为一个整体，这种情况下，只有具象思维是不够的，还需要拥有抽象思维。深度的学习，会要求我们至少能从两个角度去看待问题，张开自己的双眼，而不是只用一只眼睛、狭隘、片面、肤浅地去看待一切。

然而现实是，孩子的智力确实还没有完全成熟，因此，他们不可能自动就具备了综合能力，而是需要在成熟过程中慢慢获得。而同伴导向的孩子，偏偏都是长不大的孩子，所以，综合协调能力对他们来说，就成了一种注定欠缺的特质。

逃避了脆弱，就失去了试错的机会

大部分学习，都是通过适应或者试错来实现的。孩子会尝试新的任务，会犯错误，会遇到困难，然后得出恰当的结论。失败是学习的一个必经环节，纠错则是教学的主要手段。但与父母关系疏离的孩子大多会逃避脆弱，这极大地破坏了正常的学习过程。

第一个破坏作用，体现在学习的试验环节。尝试新的事物，就意味着存在风险。无论是大声阅读，提出意见，还是进入陌生领域或测试某种想法，都会有失败的可能。但这种试验会有效排查出可能的错误、意料之外的反应和消极的回应。但是大部分同伴导向的孩子，是无法承受这些风险的。

第二个破坏作用，体现在吸取教训的能力上。在具备吸取教训的能力之前，孩子必须要意识到自己的错误，承认自己的失败；想从错误中受益，必须先学会承担责任，还要对别人的帮助、建议和纠正，保持一种接受的心态。而与父母关系疏离的孩子，有着很强的防御心，他们意识不到自己的错误，或者不愿为自己的失败承担责任。这样的孩子，如果考试成绩太差，心理上承受不了，就会把失败归结到其他方面或者其他人身上。或者，他会分散注意力来逃避问题。逃避脆弱的孩子，会自动屏蔽那些让自己变得更脆弱的东西，不承认自己的错误和失败。对这类孩子来讲，即使老师或者家长纠错的态度非常温和，也会刺伤他们的情感。给这类孩子纠错，只会让他们更加逃避或对抗错误，这时，成年人会以为这是孩子粗鲁无礼，但实际上，这是孩子逃避脆弱的表现，是他们的一种自我保护。在亲子教养中，看到表象见到心里极为重要，需要借助洞察力才能做到。

第三个破坏作用，体现在无力感上。感受无力感，就是适应性学习的精髓。挫败感一定要转化成无力感，这样大脑才能明白，有些事是行不通的。但是当孩子的情感变得冷酷时，就感受不到失败带来的伤心或者失望，做出的反应也不是吸取教训，而是发泄沮丧情绪。就学生而言，外部的攻击目标就是"白痴老师"或"无聊的作业"，内在的攻击目标可能就是自己，比如"我怎么这么蠢"。不管怎样，他们都不会把气愤转化成悲伤，感受不到和无力感相关的情绪，因此，他们也就不会改变自己的做事习惯、学习方法和其他障碍。身陷这种模式的孩子，一旦失败，会缺乏应对能力去处理，任何一件事情遭遇阻碍，都会把他们困住，寸步难行。

依恋，最后的学习动力

失去上面三种特质后，学习就只剩下最后一个希望了：依恋。对好奇心、综合思维和适应能力都缺乏的孩子来说，只能依靠依恋情感来学习。他们的学习欲望，可能不是发自内心喜欢学习，但如果他们强烈渴望亲近成年的教育者——比如老师、父母或者充当导师角色的其他成年人，那么，这种学习渴望也是有效的。

依恋是最强大的学习动力，即使没有好奇心或者吸取教训的能力，依恋也能完成任务。这再次说明，看到依恋的强大影响力是非常重要的。一些孩子缺乏适应能力、好奇心和综合能力，所以无法充分挖掘自己的潜能，但他的学习成绩却依然很好，这就是依恋在发挥作用。在其他人缺乏动力的地方，依恋型学生可能依旧动力十足，比如，他们擅长通过效仿、模仿、记忆和寻找提示来学习，因此，即使别的孩子受到了学习方式的限制，这些孩子却还会受到依恋对象的影响，保持学习的欲望。

对于一些依恋同伴的孩子来说，为了获得认同，会故意把自己"变笨"。29岁的健身教练罗斯回忆道："六七年级的时候，我在班上经常名列前茅，每个奖我都拿过。八年级的时候，其他孩子开始嘲笑我、捉弄我。那之后，我突然间就变成了同学眼中的书呆子。这一点都不酷，我想成为体育迷，变得合群一些。所以，我选择融入他们，决定以后不考高分了，比如考数学的时候我故意算错，尤其是高中最后两年，我的计划实施得简直不能再完美。可这种行为使我形成了很不好的学习习惯，以至于到了大学，我还改不掉那些不好的学习习惯，也没能拿到学位。现在，我很后悔当年的自我调节能力没能再强一些，后悔自己那么在乎朋友会怎么想。"

对于依恋同伴的孩子来说，学习就是无关紧要的事。历史、文化、社会矛盾或者大自然的神奇能有什么乐趣？化学和交朋友有什么联系？生物怎样让同伴和谐相处？数学、文学、社会研究对我和朋友的关系有什么用？对孩子的这类想法，一首歌曲给出了完美的解释："不知道历史，不知道生物……但我却知道我爱你。"在他们看来，朋友最重要，和朋友在一起才是最有意义的事。这是一种依恋误区。

打开学习大门，先赢得孩子的心

依恋，能帮助家长和老师吸引孩子的注意力，激发孩子对父母的尊重，让孩子乐意接受父母的引导，而这些都是孩子接受教育的必经之路。依恋父母的孩子，把父母看成是航标，会向父母寻求方向。他们会忠于老师，而不是同伴，会把老师看成榜样。当孩子依恋老师时，老师也就有了培养孩子的权威，能激发他们的上进心，能传达正确的价值观。

但依恋同伴的孩子，会选定谁做自己的老师呢？反正不是学校聘任的老师。一旦孩子以同伴为导向后，他们的学习高峰期就变成了休息、午餐、放学后以及课间。而且，这类孩子学到的东西，不是来自老师或者课程，因为关系没有建立好，无论老师多么专业、敬业，或者多么受人尊重，也根本发挥不了作用。

当然，我们不能低估教师素质的价值。受过高等教育的老师、丰富的经验、倾心的奉献、优质的课程和技能，这些都很有意义，但这些因素并不能从根本上帮助老师教学。孩子需要喜欢老师，并且觉得老师也喜欢自己，这样学生才会学得最好。老师要想了解孩子的想法，总是得先抓住孩子的心。

在某种程度上，我们可以默认同伴导向的孩子就是依恋型学习者。只不过他们在错误的依恋情感作用下，选择了错误的老师。能帮助学生上进的，才是良好的师生关系，而不是靠强权压迫。教师这个词的本义是导师，确切讲，就是指导孩子的人。教师要想指导，就必须和学生建立好依恋关系。最好的老师，不仅要打开学生的思维大门，更要学会赢得学生的心。而同伴导向，则会让孩子排斥、厌恶老师。

第13章
孩子的社交问题

身为父母，应该看见：

· 真正的合群和社交能力，绝不只是附和，而是一种和他人发展成熟关系的能力。

· 孩子对自我关系的需求，远远高于对同伴关系的需求。

· 孩子越依恋成年人，我们就越不需要去限制他们的社交。

害羞到底是不是缺陷

很多时候，我们会觉得害羞是个缺陷，于是尽力让孩子去克服害羞。依恋父母的孩子在"关系不好"的人面前，通常会变得很胆小，很害羞，所以会让人觉得他很单纯，跟同龄人打交道过于羞涩。相比之下，依恋同伴的孩子好像社交能力更强。这确实是他们的强项，他们知道什么酷、什么不酷，知道该穿什么衣服、说什么话，他们把大部分智慧都用在了解读同伴的信息上。然而，从发展学的角度来看，害羞这个公认的缺陷，却大有用武之地。害羞会促使孩子靠近父母，切断孩子的无效社交，拒绝任何不在自己安全范围内的人。身为父母，认真去探究，才能看见害羞的真正作用。

看起来，依恋同伴的孩子跟同伴在一起聊得热火朝天，但和成年人在一起的时候却非常害羞。然而，真正的合群和社交能力，绝不只是附和，而是一种关心他人、考虑他人感受的能力，是一种有技巧地和他人发展成熟关系的能力。能帮助孩子调和害羞心理并拥有真正社交能力的，是强烈的自我意识和感受复杂情感的心理成熟。而拥有自我意识和促进心理成熟，都需要孩子和父母培养亲近的关系。这样的孩子，即使在同伴面前害羞，也只是暂时的，等到心理成熟后，他们就会把这种害羞转为一种必须且有益的羞愧感。所以，我们要担心的不是孩子现在害羞，而是现在很多孩子都不会害羞了。

只有看到社交能力的本质，我们才能真正懂得培养关系的重要性，使孩子真正拥有社交能力。

多跟孩子玩并不能提高社交能力

"儿子 3 岁的时候，我觉得一定要让他进入一些能接触到同龄人的群体或场合，"一位父亲回忆道，"他越不会交朋友，我就越急着鼓励他去接触其他的孩子，我故意安排了一些能让他和同龄人玩的活动。"

很多父母都有过类似的想法，想尽早把孩子带到同龄人的世界里。我们普遍认为，孩子必须尽早和同龄人交流，这样他们才能学习如何与人相处，才能融入同伴群体。很多孩子还在学步期的时候，父母就会积极给他们寻找玩伴了。而到学龄前阶段，给孩子安排玩伴，似乎已经成了父母的一种执念。

"学习怎样做朋友，是一件至关重要的事，孩子必须在上学之前学会这一点。"很多学龄前孩子的家长这样说。

"作为父母，我们需要强迫孩子去社交，"一位4岁孩子的父亲断言，"不接受学前教育，就接触不到其他孩子，就不知道怎样和人相处。"

一位早教专家告诉我："学前教育最基础的目的，是帮助孩子学习社交技能。如果孩子在进入幼儿园前还没有朋友，那他们后续就会遇到各种困难，不仅是社交方面的，还有自尊和学习方面的。"越不会与人相处、越不合群的孩子，就越可能被家长安排和同龄人接触。

这些父母认为，孩子和同龄人待在一起，就能提高社交能力。然而，虽然这种观念非常流行，但却没有证据支撑。和同龄人的接触，如果真能提高孩子与人相处的能力，真能让他们变成负责任的社会成员的话，那理应意味着，孩子和同龄人待得时间越长，就越会与人相处。可事实上，借助研究我们往往发现，孩子和同龄人待得时间越长，就越难发展与人相处的能力，也越难融入社会。如果我们把这种社交观点放大到极致——孤儿、街头流浪儿、帮派里的孩子，那么其中的缺陷，就变得非常明显了。如果与人交际，就是提高社交能力的秘诀，那帮派成员和街头流浪儿早就成模范市民了。很多父母只看到表面现象，却没有深入其中，所以往往发现自己的努力是白费。有效的教养方法，一定是建立在深入研究孩子的内心基础之上的。

纽约伊萨卡康奈尔大学的尤里·布朗芬布伦纳博士和他的研究团队，对比了更喜欢和同伴在一起的孩子与更喜欢和父母在一起的孩子。在这些六年级的学生中，喜欢和父母在一起的孩子，表现出了很多积极社交的特点，而那些大部分时间都跟同伴待在一起的孩子，则更容易陷入麻烦。

这样的发现一点也不意外。只要我们理解了人类发展的自然规律，我们就很容易得出这个结论。依恋和个性化都是成熟的必要条件，而成熟是培养真正社交能力的要素。融入社会，不是简单的合群或者和别人处得来，融入社会不光要融入别人，还要在融入的时候，保留自己的特性或者个性。

社交的确有助于孩子真正地融入社会，但也只是起到了画龙点睛的作用。孩子在与人交际的时候，首先必须守住自己，并且也能把别人看成独立的个体。这个要求即便对成年人来讲，也并不容易。如果孩子能清楚自己的想法，并珍视别人的想法，才可以证明他能坚守自我，同时也懂得尊重别人。这是孩子发展中的里程碑，孩子唯有做到了这一点，父母才可以用社交来磨炼孩子的个性或社交技能。

　　父母面临的真正挑战，是如何帮助孩子成长，一直到他们自己能够从社交经历中获益。孩子必须先具备足以经受同伴交际磨炼的坚定个性，这是非常重要的前期工作，也是非常难得能做到的。在没有成年人作为主要依恋对象的情况下，不加区分地让孩子过早融入同龄人，会引发冲突，因为每个孩子要么追求主导别人，要么被别人主导。此外，或者还会导致模仿现象，因为孩子会为了得到别人的接纳，而压抑自己的个性。

　　"之前儿子小的时候，我们觉得一定要让他们和别的孩子一起玩。"罗伯特说道，现在他两个儿子已经十几岁了。"当时，我们的大儿子弗兰基要求每个游戏都得按他的方式玩，这快把他的玩伴逼疯了。如果玩伴不按他的想法来，他就会大发脾气。最后，他很难找到人和他一起玩了。而小儿子里奇则成了一个跟屁虫，同伴做什么，他就做什么，他从来不会学着去做一个领导者，甚至一个人的时候，都不知道该玩什么。"

　　我能想象，很多读者读到这里会想："既然如此，还有必要学习与人相处吗？"

　　我并不是在质疑学会与人相处的益处。我想强调的是，如果看不到社交的本质，让孩子太早学习如何与人相处，很容易本末倒置。如果父母把孩子与人的相处，当成是首要任务，其实是在逼着他们去顺从和模仿同伴。如果孩子有很强的依恋需求,并且把同伴当作航标,那他可能就会为了同伴关系,而不断忽视自己的需求,最终丧失自己的个性。很多成年人在迫切想和别人建立关系时,可能都经历过类似的情况:失去自我,做出很多妥协,在冲突面前让步,避免惹恼对方。而孩子在和别人接触的时候,会比成人更难坚守真正的自我。孩子与人相处时的很多良好表现,如果放在成年人的世界里,就是妥协、贬低自己或者对自己不真诚。

如果能顺应孩子的自然发展,我们就不会这么担心孩子不会和别人相处,我们会更加重视孩子在交际中坚守自我的能力。世界上所有的社交,都不会把孩子引导到这一点上,只有和看护人的稳固关系,才能帮助孩子形成真正的独立和个性。人也只有在这种环境下,才能尊重自己,并尊重他人。

很多时候,教养问题的形成都是父母太着急导致的,他们没有耐心去观察孩子,看见孩子的需求,给孩子提供了很多孩子不需要的东西。这比什么都不给更糟糕。

孩子更需要依恋而不是朋友

如此说来,孩子就没有社交需求吗?很多家长最担心的,就是孩子的交友需求,"孩子一定要有朋友",这是我最常听见的一句话。

坦率说,对于不成熟的人来说,友谊这个概念是毫无意义的。一个成熟的人,是不会随便把一个人当成真心朋友的,除非他对我们很体贴，认可我们的界限，尊重我们的个性。真正的朋友，会支持我们的发展和成长，而不会去想发展和成长对友谊产生什么影响。这种友谊的基础，是互相尊重、保留个性。因此，人在没有达到一定的成熟程度前，是不可能有这种友谊的。现实中，很多孩子根本没有培养出拥有这种友谊的能力。

在孩子具备这种能力之前，他们真的不需要朋友，只需要依恋。而孩子唯一的依恋需求，就是和家人或监护人在一起。孩子需要发展真正友谊的能力，而这种能力，只有孩子先和父母具有稳固的关系、逐渐成熟后，才能具备。明智父母的选择，是把时间投入到培养亲子关系上，而不是执着于处理孩子和同伴的关系。

当然，当孩子用同伴代替父母、把朋友看得比家人还重要的时候，他们会产生一种自我满足感。因为这种情况很常见，以至于很多家长误认为这是很正常的。于是下一步，我们就会想尽办法确保孩子有"朋友"，这无形中把孩子和家人的关系放在了危险之中。接着，同伴就代替了父母，随后就开始了恶性循环。很多问题的产生，其实都源于父母的目盲和疏忽。所以，做父母是个很需要耐心的工作。

从发展的角度来看，孩子对自我关系的需求，远远高于对同伴关系的需求。每个人都必须要具备自我反思的能力，当然，这种能力还是要源自成熟。当人和自己建立自我关系后，就可以选择喜欢或者不喜欢独处，同意或者不同意自己，支持或者不支持自己，等等。人和他人的关系，通常会取代人的自我关系，或者试图填补自我关系的空缺。人不愿意自己独处的时候，就很可能去寻找他人的陪伴，至少也是虚拟的依恋事物，比如电视或者电子游戏。同伴导向和看电视很像，都会干扰人的自我关系，所以，在孩子和自己建立自我关系之前，不适合和其他孩子建立关系。更好的选择，是让孩子花些时间和看护人交流，或者自己玩一些有创意的游戏。

孩子的很多需求，是有先后顺序的，如果父母把顺序弄错了，很可能是不适合孩子的。做一个睿智的父母，是很需要洞察力的。所谓看见，其实是由表象看到内里，看到孩子此时的真正需求。

同伴无法消除孩子的无聊感

"我很无聊"或者"这很无聊"，都是孩子经常用来抱怨的话。很多父母都试图通过增进孩子和同伴交流，来缓解他们的无聊情绪。这个方法可能暂时有效，但实际上，却只能加重潜在的问题，就像安抚奶嘴只会让饥饿的婴儿感觉更饿，或者借酒消愁的人最后会更加难过一样。最糟糕的是，用同伴缓解孩子的无聊，其实是在把孩子往同伴怀里推。

引发无聊的真正原因是什么？孩子无聊，是因为他们的依恋本能没有被充分激发，同时又缺乏自我意识来填补这个空缺。这种感觉就像是在挂空挡，像被搁置，或者像在等待生命的开始。能够感受到这种空缺的孩子，往往更愿意去谈论自己的孤独、失落，或者会开始说一些类似"我不知道干什么""现在什么也提不起我的兴趣""我没主意了""我感觉自己不是很有创造力"这样的话。不能感受到这种空缺的孩子，会觉得无精打采，会一直说自己很无聊。

　　换句话说，这种通常被孩子理解为无聊的空缺，其实是孩子依恋空洞和创造力空洞的双重作用。孩子没有和可以依恋的人在一起，同时，又缺乏足够的好奇心和想象力，来让自己度过有创造性的独处时间。比如，在教室里感觉无聊的孩子，就是既没有和老师建立依恋关系，又对上课内容不感兴趣的孩子。这类孩子既缺乏对老师的依恋，又没有自主思考和好奇的创造力，他会抱怨"学校真无聊"或"我好无聊啊，不知道干什么"。孩子对脆弱的心理防御，会使其意识不到内心的空洞感，孩子会以为无聊是源自外界因素，是自身处境和周围环境导致的。

　　理想状态下，这种空缺应该由孩子的创造力来填补，包括主动性、兴趣、独处、玩耍、独创性的点子、想象力、反思能力、独立的劲头。当孩子不具备这些条件的时候，就会着急去找其他东西来填补这个空缺。因为无法直接感受到这种空缺，所以也无法明确解决之道。孩子不知道从内心寻找原因，而是想从外界获得解救方法——依靠食物、娱乐、同伴。孩子的大脑通常会从这些方面获得刺激，因此，会将之看成解决无聊的办法。电视、电子游戏或者其他外界刺激，都只能暂时填补孩子的心里空缺，但却永远无法填补它。只要能分散注意力的活动停止了，孩子就又会感到无聊了。

这种状态在孩子刚进入青春期的时候，会特别严重，尤其是孩子对成年人的依恋不够深、内心的创造性又不足的时候。但是不管孩子是3岁还是13岁，父母往往都会让孩子用同伴来填补这个空缺。我们可能会给孩子找一个玩伴，或者鼓励他们去找同伴玩。我们会说："你怎么不去问问他能不能一起玩呢？"父母这样做，其实是在告诉孩子："带着你的依恋饥渴去找你的朋友吧，看他们能不能帮助你"或"如果你忍受不了自己一个人，那就去依恋你的同伴，来补救一下吧"。但其实，孩子感到无聊的时候，也正是父母需要建立亲子依恋关系的时候。如果我们真的明白孩子无聊的根源，我们就能意识到，孩子现在还没有准备好去接触其他孩子。他们越是容易无聊，就越说明他们需要我们，需要培养自我意识，同时，也越证明孩子没有准备和同伴交流。遗憾的是，父母看不到此刻孩子的内心需求，也就无法抓住教养的时机。

实际上，同伴导向会加重孩子的无聊。非常依恋同伴的孩子，如果不在同伴身边，会感觉生活非常乏味。很多孩子在和同伴长时间接触后，比如去同伴家过夜或者野营后，一回到家，就会感觉特别无聊，想立即再和同伴取得联系。同伴导向不仅阻碍孩子的成熟过程，导致孩子逃避脆弱，还会妨碍孩子形成好奇和自我意识。如果父母能够意识到这个问题，那么孩子无聊的时候，就是父母应该管教的时候，父母应该用孩子真正需要的依恋对象，趁机来填补孩子的依恋空洞。

和同伴交流无法提升孩子的自尊

另一个普遍但有害的观点是："和同伴交流，能够提高孩子的自信。"我们希望孩子自信，感觉自己有价值，知道自己很重要，所以，我们认定孩子需要一个朋友圈，这样孩子才会感觉自己有价值。

我们慢慢相信，同伴在影响孩子的自尊方面发挥着重要作用。我们竭尽全力去帮孩子培养友谊，让他们尽可能地招人喜欢。

同伴的确对很多孩子的自尊心有着非常重要的影响，但这其实和同伴导向是一个道理。在这个世界上，导向的一个非常重要的作用，就是意识到自己作为人的价值和重要性。当同伴代替父母后，会影响孩子认识自我价值和他人价值。因此，我们看到同伴能影响孩子的自尊时，不会觉得出乎意料。然而，这不该是孩子现在应有的状态，更不是孩子未来需要的状态。这种根植于同伴交流的自尊，甚至不能算是健康的。

我们对自尊概念的理解，有时是非常肤浅的。自尊的最大特点，不是自我感觉有多好，而是能不受他人影响地进行自我评价。自尊的最大挑战是当别人不重视我们的时候，我们也重视自己；别人怀疑我们的时候，我们也相信自己；别人批评我们的时候，我们也接纳自己。真正有价值的自尊，是源于成熟的自尊。人要和自己建立自我关系，能够感受复杂情感，虽然内心矛盾但仍愿相信。事实上，健康的自尊，其关键就是自信和自我价值。当孩子能够自己想明白一件事，能够坚持自我，知道自己能独立做事的时候，就会自然而然地散发出自信。真正的自尊，需要孩子心理上成熟，而这种成熟，只有在孩子和成年人建立起温暖、有爱的关系后，才可能实现。

因为同伴导向的孩子很难长大，所以他们无法形成独立意识。他们的自尊，永远不是自己内在的品质，也永远不是源自内心的自我评价。他们的自尊是有附加条件的，而这些条件往往转瞬即逝，比如社会成就、外貌或者收入。然而，这些其实都不是衡量自尊的尺度。**真正的自尊，不是因为我会做某件事，相反，真正的自尊应该是，不管我能不能做某件事，我都是有价值的。**

如果有些人觉得以上观点很奇怪，那是因为我们现在所处的自尊氛围，就是根据别人对我们的看法来形成的。我们想和别人攀比，想要炫耀自己的新车、奖杯、容貌或配偶，当别人认可或羡慕我们的成就时，我们会骄傲。但是，我们这样真的是在尊重自己吗？不是。我们尊重的，是别人对我们的看法。难道，我们想让孩子形成这样的自尊吗？

缺乏独立意识的自尊，必须由外界来填补空缺。然而，试图用肯定、地位和成就等替代品来填补自尊，必定是徒劳的。无论是多么美好的体验，都不会对自尊产生什么好的效果。孩子受到的表扬越多，就越渴望被表扬；受到的欢迎越多，就会努力想更受欢迎；赢的次数越多，就会变得越来越好胜。因此，我们面临的挑战，是用我们的影响力，让孩子不再对这种外在的评价产生依赖。看见问题的根本，才能看见父母应该在哪方面用力。看到表象，见到心里。

只有不依赖这些因素的自尊，才能真正帮助孩子成长。对孩子而言，依靠同伴获取自我价值感，会产生非常严重的后果。在这样不稳固的基础上形成自尊的孩子，自尊心越强，就越容易没有安全感，越容易心神不宁。在交际方面，孩子会反复无常，他们缺乏控制情绪的意识。让孩子去依赖那些不可预知的评价，就等于把他推入不安全感的深渊。只有成年人给予的无条件的爱和接受，才能让孩子得以解放，不再执着于喜欢或者占有的表象。父母的责任之大由此可见。

在孩子能够独立做出自主评价前，我们的职责就是给予他们极大的认同，准确看见他们的内心需求，让他们没必要再去别处寻找安慰。这种肯定，比爱和表扬还要有益处，它是我们发自内心的认同，也能渗透到孩子的内心最深处，让孩子知道不管自己给我们展现"好的"或"坏的"一面，他永远是我们深爱的、欢迎的孩子，我们因为他的存在，而感到庆幸。

同伴不能代替兄弟姐妹

独生子女的父母，经常会为一个问题而苦恼：觉得自己的孩子孤独，必须和其他孩子在一起。所以，他们总是试图充当孩子的社交媒介，帮助孩子寻找玩伴，来弥补孩子的孤独。他们害怕孩子没有玩伴，就不知道怎么和朋友相处。但是，同伴并不能代替兄弟姐妹。

首先，同伴不同于兄弟姐妹，或者说，兄弟姐妹的作用远远大于玩伴。兄弟姐妹和孩子享有同一个航标，孩子对兄弟姐妹的独特依恋，是孩子对父母依恋的自然衍生。虽然凡事都有例外，但是孩子对兄弟姐妹的依恋，应该是和对父母的依恋并存的，并且彼此没有冲突。手足关系就像一起围绕太阳转的行星一样，本质上仅次于每个行星和太阳的关系。和成年人的关系，应该成为孩子的主要依恋关系。

在此再次澄清一下，问题的关键不在于孩子和其他孩子玩，而在于父母在自己没有满足孩子的基本依恋需求时，就把孩子丢给了其他孩子。当孩子越依恋成年人，我们就越不需要去限制他们的社交。

但是，孩子难道不需要和同龄人玩吗？需要。但是，必须是有创造力的玩耍。这里，我们区别孩子想要的和孩子需要的。孩子发展需要的，是有创造力的玩耍，而不是纯粹为了社交。有创造力的玩耍（或者独处），不包括和他人交流。对年龄较小的孩子来讲，和依恋对象的亲近和接触，能产生足够的安全感，让他们觉得这是理所当然的事。安全感可以让孩子勇往直前，去探索一个充满想象和创造的世界。在这个世界里，如果有玩伴参与的话，他们就是源于孩子的想象，比如霍布斯和加尔文、小熊维尼和克里斯托弗·罗宾。父母通常是孩子玩这种创造游戏时的最佳人选，可以充当孩子的依恋导向。不过，即便是父母也不能做得太过，不然，孩子的创造性玩耍难免沦为社交玩耍，这样对孩子就没有什么益处了。但因为我们总是太强调同伴社交了，以至于孩子的创造性玩耍——孩子基于创造力、想象力和好奇心而进行的玩耍——已经受到了危及。

我这里不是说某种社交玩耍本身，会影响到孩子的发展。问题的关键，不是孩子不应该和同伴一起玩耍，而是我们不应该误以为，这种社交玩耍就能满足孩子的情感需求。孩子的情感需求，只有体贴的成年人才能满足。可我们太着急让孩子去社交了，以至于孩子都没时间和父母相处，或者没时间自己玩耍。玩伴或者视频、电视、电子游戏，已经占据了孩子太多的空闲时间。我们需要留出更多的空间，让孩子发展自我。

相比同龄人来讲，孩子更需要的是父母。父母没有理由因为孩子是独生子女而感到愧疚，也不应该觉得自己必须要用同伴来填补这种空缺。

依恋竞争

我们生活在一个充满依恋竞争的世界。每一次孩子和我们不熟悉的人建立新的依恋关系时，都有可能导致矛盾，引发竞争。学校会导致依恋竞争，离婚和再婚也会导致依恋竞争。在竞争的作用下，依恋可能会分离瓦解，导致孩子更容易受到同伴导向的影响。我们必须尽可能有意识地消除这种竞争，不管是我们和孩子生命中其他成年人的竞争，还是我们和孩子同伴的竞争，都要尽力消除。

有时，依恋竞争可能来自配偶，包括前夫或前妻，继父或继母，养父或养母。我们就必须让孩子明白，亲近父母的一方，不等于疏远另一方。我们需要把一种关系联系到另一种关系中。比如，我们可以友好地谈论另一位不在场的家长，帮助孩子和这个家长建立联系。有时，当孩子发现父母双方能友好相处的时候，竞争自然就消失了。父母可以肩并肩坐在孩子学校的典礼上，一起为孩子的比赛加油，一起去看孩子的表演。成年人可能很难克服彼此间的分歧，但为孩子做出的这种努力，却是非常值得的。

最常见的依恋竞争，是来自孩子的同伴。消除这种竞争的方法有很多。首先，我们可以自己和孩子的朋友培养关系，确保我们是"他们的人"。比如，必要时我们可以替孩子接电话，和来电的孩子打招呼，叫出他们的名字，甚至还可以和他聊几句。

一旦孩子的同伴导向变得极其严重的时候，可能就会经常假装我们根本不存在。这时，我们扳回一局的唯一希望，就是坚持凸显自己，当然，要以友好的方式。孩子的朋友来家玩的时候，不要默许他们可以从后门或者侧门进来，这等于让他们躲过了和其他家庭成员打招呼和互相介绍的机会。同样，一定不要在家里留出一块单独的空间供孩子和朋友玩耍。说到依恋，那些和我们没有关系的人，也很可能成为我们的竞争对手。对于这些人，有时我们可以通过邀请他们和家人一起吃饭，来实现关系上的破冰。我知道以这种形式介入并不容易，可能初次尝试的时候，你会感觉很不好意思，但是基于我的个人经验，这种尝试是非常值得的。

孩子进入青春期的时候，父母通常会被迫帮他们组织同伴聚会或者派对。如果父母感受到了同伴导向的气息，那么，父母要做的，依然是要抓住主导权，阻止孩子依恋上的两极分化，以便为后续的类似情况开创一个先例。

我家三女儿布里亚进入青春期的时候，我们就遇到了这个问题。孩子软磨硬泡地要求我们在她组织的派对上尽量不引人注意，每当这时，我们就会抓住主动权：她可以办派对，但我们不可以消失。事实上，我们会让自己变成非常好客的主人，打出一个她朋友都无法拒绝的幌子。比如我给他们做烧烤，这样我就能问每一位客人想吃什么。同时，我还会不露声色地同他们拉近距离，如果可能的话，还会有一些眼神交流，博得他们的一个微笑或者一次赞许，我们会问他们的名字，然后努力记住，同时还要向他们介绍自己。

在布里亚的派对上，我想传达的信息非常明确——和布里亚有关系，就是和她的家庭有关系。当我们向布里亚表达我们想充当好客的主人时，她的第一反应竟然是非常尴尬，她甚至怀疑这个计划能不能行得通。她害怕这样一来，她的朋友一个都不会来了，还害怕他们永远都不会再理她了。其实，她的恐惧完全没有依据。

另外一种消除潜在依恋竞争的办法，是和孩子朋友的父母建立联系。我们可能无法控制孩子和谁交朋友，但是如果我们能和孩子朋友的父母建立友好的关系，那么，我们就能给孩子的依恋世界带去和谐。在这方面，我们未必会一直成功，我们可能会遇到难以调和的分歧。但是，我们至少应该尝试一下，我们不能放过任何一次机会。

布里亚两个好朋友的父母，都非常赞同和我们建立联系，从而融入这三个女孩的世界。我们成功和布里亚的好朋友建立了联系，对方的父母也做了同样的工作。我的计划是消除潜在的竞争，给孩子创造一个不以牺牲和父母的亲近为代价，也能去亲近同伴的世界。让我们之间的关系锦上添花的，是在千禧年前夜。在那之前，我们全家人都分享了自己对这个特殊夜晚的憧憬，布里亚也表达了她的憧憬：不仅要和自己的好朋友在一起，还要和好朋友的家人在一起，包括他们的客人。于是，我们就把所有人邀请到了家里，一起度过了一个特殊的夜晚。这件事充分证明了，同伴也可以不和父母竞争，孩子可以同时拥有两方。只有孩子的依恋世界破碎时，同伴的父母才会各自站队。

我们面临的真正挑战，其实是和孩子建立依恋关系，我们要为他们创建"依恋村"，以供他的同伴和父母共同生活。

在孩子貌似不太需要父母实则需要父母引导的时候，我们只有巧妙地以各种方式抓紧孩子的手，维系亲子关系，才能从根本上满足孩子的依恋需求。所谓的看见，其实最基本的就是看见孩子的依恋需求，永不放手。

如果在孩子成熟前，父母就不再亲自教养孩子了，会让同伴导向有机可乘。当孩子的依恋情感扭曲时，我们就失去了教养权威。我们被剥夺了教养权威，同时，孩子也失去了对自己童年产生积极影响的力量，他们会一直无法成熟，但同时，又会失去纯真、脆弱以及孩子成长和自由享受生活所需要的开放心态。他们会被剥夺自己生而为人的所有亮点。

谁该负责养育我们的孩子？最响亮的答案、也是唯一顺应自然规律的答案，就是我们——父母和其他照顾孩子的成年人——我们必须做孩子的人生导师，做他们的向导，做他们的呵护者和他们的榜样。我们必须抓紧孩子，直至我们的教养工作圆满结束。我们的坚守，不能出于自私的目的，否则他们无法勇往直前；我们也不能圈住孩子，否则他们就无法充分发展自己的潜能。我们需要抓紧他们，直至他们可以坚守住自己。

看见孩子，看见自己

Hold on to Your Kids

第三部分

第14章
让孩子归巢

身为父母，应该看见：

· 用行为本身去建立关系。

· 如果把目光一直停留在孩子在行为上的改善，那么我们也就无法改善自己和孩子的关系。

· 每一次分离，都需要用情感联结让孩子重新归巢。

看见亲子关系的缺失给孩子带来各种不良的影响，父母就会明白依恋真的太重要了。而重建亲密关系，是孩子成熟之前最后一次走回正轨的机会。

稳定的依恋关系是教养的根基，一旦关系被破坏，父母首先要做的就是修复，与孩子重新建立起情感联结，这样孩子才会重新回到父母的羽翼之下。父母与孩子的情感联结，就像训练小鸟归巢一样，需要每天坚持，直到他们足够成熟，可以独立飞翔，父母才能放手。

幸运的是，就像蜜蜂、鸟类以及其他很多生物一样，人类能出于本能来建立情感联结。我管其中的一种方式叫"求爱舞"，也叫"依恋舞"或者"归巢舞"，这种舞蹈的最关键作用是和孩子联络感情，让孩子归巢。具体来说，成年人在面对婴儿时，即使不是自己的孩子，也会自动展现出示爱本能——微笑、点头、睁大眼睛和轻声细语。

你可能会想，既然求爱舞是出自本能，那么我们应该不会遇到什么阻碍，只要做我们想做的应该就可以。然而，现实可没这么轻松美好。虽然我们天生就会这些舞步，但只要脱离了本能，就一点也不会跳了。比如，成年人很难本能地去讨好已经过了婴儿期的孩子，尤其是那些不再像婴儿一样主动依恋我们的孩子。因此，要重新让大一点的孩子像小鸟一样归巢，父母必须有意识地去激发这些本能，有意地使用本能。这一点很像成年人谈恋爱，为了跟对方维持亲密关系，会刻意取悦对方。

仔细观察成年人和婴儿的互动，我们会发现求爱舞有4个明显的步骤。这4个步骤按照特定的顺序推进，遵循着人类求爱和交流的基本模式。从婴儿期到青少期，想让孩子顺利归巢，我们都必须遵循这4个步骤。

友好地与孩子拉近关系

第一个步骤，是父母要能吸引孩子的目光。在面对小婴儿的时候，我们会逗他们笑，引导他们点头互动，和他们拉近关系，做出很多明显的动作来和孩子套近乎。在婴儿期，这种互动本身就是一种关系的建立，成功时父母会很满足，失败时会变得非常沮丧。这种互动没有什么套路，父母的"讨好"，不是为了让婴儿去做什么特定的行为，而是为了用行为本身去建立关系。看清楚这一点，教养才会成为一种自然的行为。而且这种关系的建立，会从婴儿期一直贯穿到孩子的整个童年。

但随着孩子慢慢长大，我们就不能用那么明显的方法了，因为这样反而会让孩子反感甚至疏远。这个时候，我们就像一个推销员，不能把讨好意图表露得太外露，不能一上来就装得很熟悉的样子，这样反而会让孩子讨厌。

当孩子长大一些后，很多父母就忽略了关系的建立。只有出现问题的时候，父母才会想起和孩子拉近关系。这是父母注意力的自动转移，也是亲子关系变弱的原因。比如，学步期的孩子非常活跃，会不停地活动和探索，家长开始越来越注意保护他们的安全，比如母亲会有90%的行为都是出于爱、呵护和互动，只有5%的行为是专门为了制止孩子做某些行为。但在接下来的几个月，情况会出现很大的变化。学步期的好奇心和冲动，会让孩子遇到很多状况，这时家长就必须要发挥约束的力量。11~17个月大的孩子一般每9分钟就会被家长制止一次，这类特殊行为不是为了从情感上拉拢孩子，而是为了纠正或者引导他们的行为。从这个时期或再往后一点开始，我们和孩子拉近关系的本能就开始被忽略了，这跟成年人求爱的过程一样，通常在恋情稳固后，就不会再有追求时那样的讨好举动了。这种疏忽，在成年人的恋爱关系中可能仅仅是个错误，但在亲子关系中却会带来严重的后果。即使是要保护孩子的安全，我们也要通过恰当的方式靠近他们，吸引他们的注意力。我们忽略了自己的本能，亲子关系的位置也在浑然不知中消失了，问题却由此而产生了。

等着孩子再长大一点，开始不愿意和我们接触时，我们的挑战就从如何友好地建立关系，变成如何友好地拉近距离了。虽然后者的任务似乎更加艰巨，但我们还是要把注意力放在关系上。看见关系的重要性，是养育好孩子的第一步。戴维是一个14岁女孩的父亲，他说："的确，仔细留意我和女儿的对话，我发现大部分时间都是我在让她做什么，教她东西，或者试图纠正她的某些行为。几乎很少真正单纯地和她在一起，享受和她在一起的时光。"

如果把目光一直停留在孩子在行为上的改善，那么我们也就无法改善自己和孩子的关系。只有把注意力转到呵护亲子关系这一长期目标上，我们才能跳出完美的舞步，引来孩子归巢。看见关系在教养过程中的作用，是重中之重。本能和直觉会让我们备受鼓舞，即便有时它们处于休眠期，但依然要勇于尝试，归巢舞本身就是试错的过程，而不是纠正不良行为的处方。不同的孩子，配套的舞蹈也应该不同。

父母在跳求爱舞时，要关注分离问题。每次分离之后，如何和孩子及时联络感情，是十分重要的。在和父母多次分离后，孩子会逐渐失去和父母保持联系的意愿，而父母也会觉得，亲子联系没那么重要了。然而，事实并非如此，什么都可以缺失，亲子关系永远必不可少。这种情况下，父母必须用自己的热情，主动地去弥合分离给孩子造成的情感冷淡。

最常见的分离，就是上学和工作，此外也有很多其他事，会把父母和孩子分开。有时，孩子会太专注于某件事，比如看电视、玩、看书或者写作业，这时互动的第一步就是和孩子重新建立起联系。我们必须和孩子重新建立情感联结，否则什么管教都不会奏效。

当孩子专心看电视的时候，我们让他们做事，就是不可能实现的。这种情况下，在叫孩子吃饭之前，我们可以坐在孩子身边，把手放在他们的肩膀上，让他们和我们进行互动："节目不错？看起来挺有意思的。可是，现在该吃饭了。"还可以借助一些眼神交流。

睡觉也是一种分离，这一点，每天被起床大战困扰的父母最感同身受。因此，睡醒后父母和孩子联络感情，非常重要。如果家长能等孩子和自己彻底亲近后，再去进行管教，而不是一醒来就叫孩子起床，那么很多家庭早晨的起床大战，就会是另外一番景象了。

先强化关系，再管教。这是解决很多亲子问题的第一步。

我们家有一个很好的习惯，就是设计了晨起热身的时间段。孩子很小的时候，我们在卧室放了两把舒服的椅子作为热身椅。叫醒儿子后，我和妻子乔伊坐在椅子上把他们放在腿上抱着，逗他们，一直到他们彻底清醒，脸上露出笑容。随后，所有事情都会进展得非常顺利。每天早起10分钟，用这种方式开启新的一天，和直接进行管教相比，这10分钟是一笔很好的投资。不管孩子年龄多大，有多成熟，都可以用这类方法开始新的一天。

简而言之，父母需要在日常生活中，时刻习惯和孩子联络感情，每一次分离，都需要用情感联结让孩子重新归巢。孩子也需要和父母进行情感联络，这是孩子的永久需求，父母必须意识到。尤其是吵架或争论之后，亲子关系可能会暂时出现裂痕，这种情况下，教养的环境就消失了，这时我们需要重新构建心理学家葛森·考夫曼所说的"人际桥梁"。重建这座桥梁，始终是家长的责任，我们不能指望孩子去做，他们还不够成熟，根本理解不了这件事的重要性。

在教养的过程中，成年人首先要做的，就是和孩子拉近关系。如果还没有套好近乎，就直接照顾或者指导孩子，肯定会被他们心中那种抗拒陌生人的本能，拒之门外。

我永远不会忘记，我和启蒙老师艾克伯格太太之间发生的故事。妈妈把我放在了一年级教室门口,我还没来得及看其他孩子,注意力就被一位走路轻盈、笑容灿烂的女士吸引住了。她喊我的名字,和我打招呼,告诉我她很高兴我能来到她的班级,并向我保证未来这一年会非常美好。我相信她没费多少时间,就拉近了我们的关系。从那以后,我就完全信任地跟着她,对其他人则免疫了,没有与其他人建立任何依恋关系。我不需要别人,我已经"有主"了。一年级以后,五年级以前,我都没有再依恋过其他老师。

给孩子一些可以抓住的东西

接下来这个步骤,背后的原理非常简单:为了唤起孩子的依恋本能,必须给他们一些可以依靠的东西。比如在吸引一个婴儿时,我们会试着把手指放在他们的手心,如果婴儿乐于接受,他就会抓住手指;如果拒绝,他就会把手指推开。这种条件反射,和我们熟悉的膝跳反应并不一样,它不是生理反弹,而是一种依恋反馈,是一种与生俱来的本能,这种本能允许父母喂食或者拥抱。

在婴儿抓住手指的时候,其实成年人和婴儿自己都不知道发生了什么。抓手指这个简单的动作,完全是一种无意识的互动,是在培养婴儿的依恋本能,让孩子去抓紧对方。这一行为表面上是婴儿抓住了成年人,但本质上是和成人建立了情感联系。把手指放在婴儿的手心,就是在向他发出一种联系的邀请，依恋舞从一个邀请开始。而抓住手指这个小动作，就说明婴儿的依恋本能被激活，可以接受我们的照顾了。

随着孩子逐渐长大，抓住东西这个动作的意义，就不再仅仅是身体接触，还有一定的象征意味。我们要给孩子一种可以抓紧的东西，可以放在心里就不想放开的东西。无论是什么，这东西都必须是我们提供的。而不管我们给孩子提供了什么，孩子只要抓住了它，就等于抓住了父母，就与父母建立起了联系。

注意力和兴趣，是亲子关系中很有用的联系纽带。其中"感兴趣"这一点特别有效。研究人员发现，温情、享受和愉悦，一直是能有效激活依恋本能的首要因素。对于眼神温暖、声音轻柔的邀请，大多数孩子都不会拒绝的。对这些孩子来说，如果能让他们感受到自己在父母心中的重要地位，他们就会坚信自己是那个特别的人。

跟孩子保持身体接触，也很关键。拥抱和怀抱都是孩子能切实抓住的东西，即使拥抱过后，孩子依然能感受到那份温暖。很多前来做心理咨询的成年人，长大后依然会因为小时候父母没有给予很多身体上的温暖而难过。

老师在这个问题上通常比较慎重，经常有老师问我："现在的肢体接触是有争议的，还有其他和学生培养关系的方式吗？"当然有，虽然身体接触很重要，但它并不是与孩子建立联系的唯一方式。

有些孩子在情感上，会很抵触那些容易让自己受伤的依恋关系，对于这些孩子，我们可以从另一个方式入手。比如，表示和他们有相同的感受，或者寻找机会表达自己是站在他们那一边的。我基本就是依靠这些方法，和这类有防御心的孩子建立起联系的。有时，切入点很简单，比如发现我们的眼睛都是蓝色的，或者我们有相同的兴趣。总之，成年人要先提供某种东西，孩子才有可能依恋我们。

而提供给孩子最好的、能抓紧的东西，就是让孩子感觉我们非常喜欢和他相处。我们可以用各种方式，表达我们的喜悦之情，比如手势、语言、符号或者行动。孩子必须知道父母需要他，知道父母能看见自己，知道自己对父母而言是特别的、重要的、有价值的、被认可的、被想念的、被喜欢的。想让孩子充分接受父母的邀请，即使不和父母在一起的时候，也对父母的爱深信不疑，父母的邀请就必须是真诚、发自内心、没有任何附加条件的。如果父母将分离作为惩罚孩子的方法，会给孩子带来很大的伤害，这种行为其实就是在对孩子说：只有他符合我们的期望，我们才愿意和他在一起——换句话说，我们和他之间的关系是有条件的。父母只有付出无条件的爱，孩子才会在情感上抓牢父母，就像婴儿用小手紧紧握住父母的手指一样。

我们还必须让孩子感受到，我们的主动联络是自发的，不能通过满足孩子的愿望来拉拢孩子，不管是日常习惯、生日礼物，还是因为做得好而给予的奖励，只要我们的目的是为了拉拢孩子，就都算不上是真诚的。无论我们多么爱孩子，在这些情形下给孩子东西，都只能是和这些情形本身相关，而跟亲子关系无关。不然，再多的给予也永远无法让孩子满足，可能孩子在收到礼物时也会很高兴，但却永远无法满足他的依恋需求。

我们还不能通过纵容孩子的要求，来和他们培养亲子关系，不管是为了博得关注、喜爱、认可，还是为了在孩子心中占有重要的地位，都不可以。虽然拒绝孩子的需求，可能会伤害到亲子关系，但我们一定不能因此认为满足孩子的要求就能增进彼此间的关系。在和孩子联络感情时，自发和惊喜这两个因素是非常重要的。在孩子最出乎意料的时候，给予他某种可以抓住的东西，效果才是最显著的。如果给孩子的东西，是孩子自己挣来的，或者被看作是某种奖励，那就起不到培养关系的作用了。此外，还要让孩子感受到，不管他是否提要求，他的陪伴都让父母发自内心地感到愉悦。父母可以通过简单的暗示，让孩子感知到这一点，比如手势、微笑、语调、拥抱、嬉笑、一起活动的建议，或者，简单的眼睛一亮。

很多人会觉得，在孩子的要求面前让步就是在"惯坏"孩子。这种担忧不是没有道理。有些父母因为没能给予孩子适当的关注、联系和接触，为了补偿孩子，所以不加区分地满足孩子的要求。但实际上，满足孩子的要求或者给他们礼物，并不会真的毁掉孩子，真正毁掉孩子的，是忽略他们的真正需求。看不见孩子，是教养失败的主要因素。在医院里，护士通常会告诉刚生完宝宝的妈妈不要抱孩子太久，因为这样会"惯坏"

孩子，但实际上，拒绝和孩子亲近，才会给孩子带来更大的伤害。父母主动跟婴儿或者孩子接触，并不会导致孩子长大后提出更过分的要求。

当然，内心特别没有安全感的孩子，会不断要求父母的陪伴和关注。这些孩子的父母可能也想喘口气，不想成天围着孩子转。问题是，在孩子提出要求后才去给予孩子关注，是永远无法让孩子感到满足的。这样做，会给孩子一种不确定感，让孩子觉得父母只会回应自己的要求，而不会主动给予。如此一来，孩子的要求只会越来越多，内心的情感需求却一直无法得到满足。对这样的状况，解决方案就是抓住时机，在孩子没有要求的时候，父母就主动满足他们的需求。并且，即便是在回应孩子要求的时候，父母也要掌握主动权，表现出高于孩子期待的兴趣和热情："哇，这个主意真好。我刚才还在想我们能在一起玩点什么呢！你能这样想我真是太高兴了。"要出其不意地俘获孩子的心，让他觉得是我们主动发出了邀请，而他们要做的，则是考虑是否接受邀请。不过，我们要注意，也不能通过浮夸的表扬来拉近孩子。看见孩子的内心需求，主动去满足，是让孩子重获依恋的重要路径。

表扬一般是表扬孩子已经做过的事，不是源于父母的内心，而是源于孩子做的事，这样既不算礼物，也不是父母自发的行为。孩子无法一直抓住表扬，因为失败时，他就不会得到表扬了。即便孩子真的可以一直抓着表扬，他也不是在抓住表扬他的人，而是在抓着让他赢得表扬的成绩。在有的孩子身上，表扬会适得其反，导致他做出一些和受表扬的行为相悖的事情，或者造成他因为害怕达不到父母的期望，而主动退出亲子关系。

难道说，我们永远都不要表扬孩子？当然不是。因为孩子表现出色或做出的努力而表扬他，对亲子关系以及任何关系都是有帮助的。家长应该特别注意的是，不能过分表扬孩子，不能让孩子过于看重别人的欣赏或者赞扬。孩子的自尊不是建立在别人的评价上，而是建议在内心的感受被父母看见和接纳，也就是感觉到父母对自己接受、并喜爱上真实的自己后，才产生的。

鼓励孩子依赖

对于稍微大一些的婴儿，我们可以鼓励他依赖我们，比如张开双臂，做出要抱他的姿势，观察他的反应。如果孩子的依恋本能被充分激活，他就会举起胳膊回应，表示自己也渴望和我们亲近，愿意依赖我们。在这样的求爱舞中，家长和孩子的各种举动都是出于本能的。

鼓励婴儿依赖我们，实际上就是在告诉他："让我抱着你，我就是你的腿，你可以依靠我，我会保证你的安全。"鼓励大点的孩子依赖我们，其实就是在说："你可以信任、指望、依靠我们，可以把自己交给我们照顾，可以向我们寻求帮助，我们会帮助你，并且一直在这里。"但是，做这些事前，我们一定要先获取孩子的信任，否则就是自找麻烦。

现代社会推崇的独立理念，在某种程度上，可以说是教养路上的障碍。鼓励婴儿依赖父母，通常不会有人反对，但是等孩子过了婴儿期，大家似乎就迫不及待地鼓励他们独立。让孩子自己穿衣服、自己吃饭、自己坐、自己玩、自己思考，自己解决自己的问题，大家都在坚持一个理念：要让孩子尽早独立。我们担心鼓励孩子来依赖我们，会让他们退化，无法帮助他们成长。其实，鼓励孩子不依赖父母，并不是真正地鼓励孩子独立，而只是鼓励孩子不再什么都靠我们。这对于还没成熟到能够自我独立的孩子们而言，很容易促使他们把依赖情感转移到其他人身上，比如同龄人。这是倡导孩子独立的父母万万没想到，也没有意识到的。

我们在推着孩子长大，在他们身后撵着他们走，不敢让他们停下来歇一歇。而我们这样做，看似是为了孩子的未来考虑，实际上是在把孩子推开，而不是把他们拉向我们。成年人在追求心仪对象的时候，永远不可能通过拒绝而得到对方。想要亲近别人的时候，我们总是会说"来，我帮你""我会帮你一起做的""很荣幸能帮到你""你的事就是我的事"。如果对成年人我们都需要这么做，那为什么不能鼓励孩子呢？他们是真正需要依赖我们的人。孩子需要我们的帮助，这就是他们的需求，我们必须看到。

或许，鼓励一个成年人依赖我们，会比鼓励一个孩子这样做让我们更轻松，因为我们不用为成年人的成长和成熟负责，不用承担教会他们独立的责任。而这也从侧面反映出来一个情况，那就是我们为孩子的成熟，担负了太多责任。不过，父母们虽然重担在肩，但并不是在单打独斗，我们还有"本性"这个重要的盟友。

独立是成熟结出的果实，抚养孩子，就是为了呵护他的依赖需求。一旦在这方面得到满足，孩子就会释放自己的本性，自发地实现成熟。这就好像我们不用费尽心思让孩子长高，只需要给他们提供食物就够了。成长、发展和成熟都是自然的成长过程，如果忽略和看不到这一点，我们就无法客观地看待教养，而是会永远活在忧心之中，整天害怕孩子遇到挫折，担心自己不推他一下的话，他就永远无法长大。就好像鸟妈妈为了训练小鸟飞翔，有时要大胆地把孩子推出窝。但人类不同于鸟，我们越往外推孩子，他就会抓得越紧。或者说，实在抓不住我们的时候，他就移居到别人的温床上了。

自然界自有更替，没有谁能为了春天而拒绝冬天，就好像我们不能为了让孩子独立，就拒绝让他们依赖我们。只有依赖需求得到满足后，孩子才会踏上真正的独立之路，而拒绝孩子对我们的依赖，则阻碍了他们的独立，让独立的进程受阻。如果父母不仅看不到孩子的依赖需求，还喜欢拔苗助长，那就会更加破坏孩子的依恋根基，让他们不得不依恋其他关系，进而影响孩子的未来。拒绝让孩子依赖父母，结果就是，孩子会被迫互相依赖。

不要在孩子还没准备好的时候，就逼迫他去应对分别，不管是晚上睡觉，还是离开家门，都会在最初引发孩子的恐慌，让他们只想拼命抓紧父母。对于那些不能留在父母身边的孩子，可能就会依赖其他人来代替父母。我们经常会把孩子依赖对象的转变，误认为是独立了，但其实，这是一种虚假的独立，孩子还没有成熟到可以应对一切。

孩子迟早会独立，但真正的独立没有捷径可走。通往独立的唯一道路，就是依赖。孩子能否独立生存，并不完全取决于父母，而是人类本能地实现了从依赖到独立的转换。理解了这重观念，我们才能以一种轻松的心态，扮演好自己的教养角色，鼓励孩子依赖我们。

做孩子的航标

唤起孩子依恋本能的第四种方式，就是为孩子确定方向。家长必须扮演航标的角色，充当孩子的向导。在这方面，成年人其实是会自动承担这项责任的，有时我们自己都没有意识到。比如，我们会给孩子指出这样或者那样的问题，告诉他们各种东西的名称，让孩子熟悉周围的环境。

在学校，承担这个角色的是老师。感知力较强的老师，会主动帮助孩子确定方向，告诉孩子他在哪里，那个人是谁，这个是什么，以及各种事的安排："这是你挂外套的地方""这个人叫达纳""一会儿我们进行课堂展示和讲述，你现在可以看看这些书"，诸如此类。

和孩子建立情感联结的方式很多，具体选择哪种，既要看实际情况，也要看孩子的需求。对年龄小的孩子，父母可能会展现出很强的导向本能。但遇到年龄大点的孩子时，很多人就失去了这种本能，不再把孩子介绍给周围的人，不再帮助他们熟悉周围的环境，不再告诉他们接下来要做什么，也不再和他们解释事物的含义。简而言之，在孩子仍需要依赖我们的时候，很多父母却自动放弃发挥导向作用了。很多时候，父母的忽视、浑然不知往往是亲子教养的大敌。看见孩子的需求，始终是稳定持有教养权威的最佳方式。

孩子会自然地亲近自己的航标。而航标所引导的方向，对孩子的人生意义非凡，因此，这件事必须牢牢掌握在父母手中，不能大权旁落。想象一下，自己孤身一人在异国他乡，身边没有亲人，也不懂当地的语言，无助又无望。如果这时，有个人靠近你，跟你说着同样的语言，主动向你伸出援手，那么，在他确定帮你指引方向之前，你的本能就已经做好了亲近对方的准备了。一旦他要转身离开，你肯定会想办法继续对话，抓住任何机会拉近你们之间的距离。成年人尚且如此，那些尚不成熟、完全需要通过依恋别人才能确定方向的小家伙，更是如此。

当父母不再遵循导向的本能后，会感觉自己无法再指导孩子了。孩子似乎不用花多少时间，就能比我们更了解电脑和网络，更了解游戏和玩具。我们和孩子说着不同的语言，喜欢不同的音乐。所有这些变化，都在慢慢侵蚀着我们的自信，我们感觉自己才是需要导向的人，觉得自己越来越无法胜任，根本不能引导孩子走向未来。

尽管如此，我们仍要鼓起勇气重拾信心，重新担起孩子的航标角色。背景可能变了，但求爱舞还是一样具有魅力。孩子需要向导，而我们就是最佳人选。在时间和空间、人和事、意义和情形等各方面，我们给予孩子的指导越多，他们就越愿意亲近我们。不要等着他们出现困惑，才去引导他们，而是要自信地担当起人生向导和诠释者的角色。即使只是每天只给了孩子一点指导，日积月累，也能很好地拉近关系，我们不妨多说说这类的话："这是我们今天要做的事""这是我要去的地方，今天很特殊，因为……""我今天晚上想……""我想让你去见那个谁""我给你演示一下怎么操作""这是今天要照顾你的人""你需要帮助的时候就找他""还有三天就可以……"。当然，我们还要引导他们认识自己的身份和重要性："你……的方式很特别""你是那种会……的女孩""你有思想家的气质""你很有天赋""你具备……需要的特质""我觉得你在……会有很大的发展"。和孩子建立情感联结，主动充当孩子的向导，这是一种美好的责任，会重新激活孩子的亲近本能。

让孩子重新归巢

还有一种情况，那就是孩子已经迷失了，但求爱舞的四个步骤都无法再激活孩子的依恋本能，这种情况下，还有什么办法能重新让孩子归巢呢？

虽然这局面有些棘手，但我们依然要有信心。一开始，孩子可能会拒绝我们的"讨好"，会非常冷漠，让我们感到受挫。即便如此，唤回孩子的依恋，仍是让孩子回到我们怀抱的力量。

重新让孩子归巢，最大的困难就是，如何重新赢得孩子的信任和依赖，而不仅仅是把他们困在房子里，拴在餐桌旁。重新跟孩子联络感情时，我们要牢记一点：他们需要我们，他们需要我们看见他们内心的痛苦。即使他们自己意识不到，即使他们的本能失效了，情感封闭了，但潜意识里，他们还是需要我们的。因此，我们要自信地和孩子联络感情，尤其是越反叛、越不想和父母待在一起的孩子，就越需要家长的呵护。

重新让孩子归巢，不仅可以让我们完成教养工作，还能给孩子创造成长的机会。对那些过早离开父母的孩子，父母更要抓紧他们的手，帮助他们完成成熟的过程。美国杰出儿童精神病专家斯坦利·格林斯潘曾写道："无论多大的孩子，只要他们和深爱自己的成年人建立了亲密联系，都能重新开启成熟的过程。"把孩子重新拉回亲密的依恋关系中，并让他们一直处于这种依恋关系中，这是我们和孩子一起成长的基础。

对父母来说，难点在于我们需要把注意力从孩子的行为转移到培养亲子关系上。因为一旦亲子关系遭到了破坏，孩子就会变得越来越无礼，越来越让人担心。这种情况下，父母很难不去责骂、哄骗或者批评他们。因此，父母必须把注意力转移到修复亲子关系上，不要急于纠正孩子的行为。

这里，我介绍一些具体的干预方式。青少年叛逆时，很多家长普遍会采用禁足的惩罚。禁足，通常是禁止孩子和同伴接触，禁足的惩罚本身并没什么作用，并且阻止孩子和同伴接触，可能只会让孩子更渴望与同伴接触。然而，禁足也让孩子有了一个依恋的空缺，从而为我们所用。如果父母能把禁足看成和孩子拉近距离的机会，向孩子发出依恋邀请，结果就会皆大欢喜。但如果，父母在孩子那里没有依恋权威，自己又没有十足的信心能把这件事做好，那就不要禁足。实际上，禁足在那些最不需要它的孩子身上，发挥的作用最大，在那些最需要它的孩子身上，起到的作用反而最小。但在任何情形下，如果父母要采取禁足的方式，那一定要把它当成和孩子重新建立关系的机会，只有这样，才能让它发挥最大的作用。同时，这也意味着，在和孩子的互动交流中，父母要避免使用任何带有惩罚性质的语气或情绪。

还有其他很多干预手段可以使用，具体选择哪一种，就要根据问题的严重程度，进行具体分析了。小到周末远足，大到全家旅游，还有一些强度居中的活动，都是不错的干预手段，都能有效地拉近亲子关系。

我两个女儿塔玛拉和塔莎都是十几岁。有一段时间，我发现和塔莎的关系似乎越来越疏远，于是我计划了一次出游，带她去她喜欢的地方。即便如此，她也因为要离校而变得非常焦虑，这种焦虑不是出于对学业的担忧，而是因为要与学校里的朋友分开。到达我事先租好的海边小屋后，她说这里肯定很无聊，一个人也没有。这就是同伴关系超越亲子关系的表现：她无视父母的存在，认为这里"没有人"。"每个人"是孩子对依恋对象的称呼，"没有人"就是对所有非依恋对象的叫法。

我一直在心里告诉自己，不要和女儿针锋相对。开始的时候，塔莎一直不愿意靠近我，但我愿意等，等塔莎的依恋空缺不断变大，等她再也忍不了跑来亲近我。我的目的就是自然地拉近我们之间的距离，所以不能太刻意。最初的一两天，塔莎一脸不高兴，和之前见到我就笑脸相迎的态度相差甚远。这种情况下，她只是把我当作一起散步和划独木舟的伙伴。接着，我看到她笑了几次，声音里也多了一些温柔。最后，她开始和我聊天，并且愿意回应我的拥抱。我们的关系得到修复的同时，她还有了和我一起做饭、一起吃饭的意愿。要离开的时候，我们谁也不着急赶路，在回家的路上，我和塔莎还制订了一些计划：每周一起散一次步，或者每周一起在咖啡馆里喝一次热可可。我也保证不在这些特殊的时间段"为难"她。这些特别的安排，可以为依恋营造环境，而我依然可以指导和引导她。

塔莎还问过我，之前为什么我先离开她。我开始还和她争论是她先离开的我，然后我突然意识到，她是对的。父母有责任和孩子保持亲密的关系，在塔莎不再需要我之前，一直抓紧着她，是我身为父母的责任。但教养工作还没完成的时候，我就不知不觉地放开了她。孩子不论大小，其实内心都是需要父母的，这一点为人父母者必须看见。

而为了修复和塔玛拉的关系，我则是请了假，花了几天时间和她一起远足，还在野外露营。我选择了自己熟悉的野外，因为这样我就能完全充当指向标了，而我选择的运动，都是她喜欢的，比如远足和钓鱼。一开始，她拒绝我的帮助，总是走在我前面或者后面，避免和我交流。她闷闷不乐的表情，表明她不想让我陪她。就这样持续了好些天，关系似乎毫无进展，我提醒自己要有耐心、要友好。直到最后一天，她终于愿意和我并排走了，也愿意和我待在一起了，她又变回了以前的样子，和我说这说那，而且滔滔不绝。她的笑容，让我内心有了深深的触动，因为同伴导向的影响，我都忘了我们之前曾那么快乐过。

第15章
让孩子知道自己被看见

身为父母，应该看见：

・在孩子最需要我们的时候，尤为珍贵的就是无条件接受孩子的需求。

・比他做了什么更重要，我们更在意的是亲子关系，而不是他的行为或成绩。

亲子关系是神圣的。在孩子成熟独立之前，孩子与父母之间的亲子关系，一定是第一位的。而正是为了孩子真正地成熟独立，我们一定要维系亲密关系，守护我们的孩子。

无条件接纳孩子的需求

教养中无论遇到了什么问题，都要把亲子关系放在第一位。这是我们反复强调的，也是父母需要重视的。

很多时候，父母会觉得教养是件吃力不讨好的事，我们苦口婆心，孩子却常常理解不了我们的一片苦心，能记住的就只是我们说话时的语气和动作。这是孩子的特点，也是身为父母必须看到的。虽然父母对孩子的爱是无条件的，但因为语气和动作，却会让很多孩子认为爱是有条件的。所以，我们要时刻提醒自己，什么才是教养中最重要的东西。

乔伊斯是三个年幼孩子的父亲，他说："最难的就是耐心，时刻要想着长远的影响。但很多时候遇到难题，我们只是想着怎么在10分钟之内把这个家伙带出家门，很少会记得自己是在处理某种关系。毕竟，我们有自己的行程安排。"

在孩子最需要我们的时候，尤为珍贵的就是无条件接受孩子的需求。我们不仅要看见孩子的需求，更要接纳孩子的需求。即使孩子让我们失望，违背我们的价值观，或者让我们恨得咬牙切齿，我们依然要通过语言或动作让孩子明白：我们更在意的是亲子关系，而不是他的行为或成绩。纠正孩子的行为，就必须先和他建立稳固的关系。越是难管的孩子，我们越要抓紧他，这样，他才会反过来抓紧我们。在焦虑或者满腔怒火的时候教训孩子，很容易引发孩子的焦虑。如果我们自己都不珍惜亲子关系，就不能指望孩子去珍惜。此时，我们要整理好自己的心情，忍住想批评的冲动，放弃其他可能引起不良后果的举动。

有些父母可能觉得，这样维系关系的方式有点不正常。他们怕不及时指出孩子的不当行为，孩子会得寸进尺、混淆是非，而父母也就无法再坚守自己的原则了。这种担忧虽然可以理解，但却是无谓的担忧，通常来说，孩子都深知父母的期望是什么，知道什么不能做或不该做。孩子做不到，属于成熟方面的问题；而孩子不愿做，则一般是依恋出了问题。父母需要向孩子反复确定的事情，是孩子的价值和孩子对父母的重要性。

除非我们和孩子的关系稳固亲密，否则，当我们说"我不能接受这个"的时候，孩子很容易就会理解成"他不喜欢我"或者"他因为……不喜欢我了"或者"只有我……的时候，他才喜欢我"。无论我们是否真的说了这种话，只要孩子接收到了类似的信息，亲子关系就会遭到破坏。孩子想为我们变好的动力，也就会减弱。

我们要告诉孩子他很重要，而不是他做了什么，我们这样做不是在妥协，而是让孩子从内心深处获得安全感。教养孩子的原点是关系，关系比行为更重要。问题是，我们通常把依恋关系看作理所当然的事情，不加珍惜与呵护，而把注意力投向一些自认为更有价值的东西，比如道德信条。和孩子交流的时候，父母谈到的也总是关系之外的东西。父母只有有意识地去关注依恋关系，我们才会领悟到为人父母最根本的承诺——关注孩子本身。

先修复关系，再纠正行为

按照自然发展顺序，一个人成长中最重要的是依恋关系，其次是成熟，最后是社会化。遇到教养问题的时候，我们首先要做的，就是修复关系，因为关系才是孕育成熟的唯一土壤。做好了这一步，我们才能把注意力放在社会适应力上，即孩子的行为上。父母只有接受了这个规律，才能顺利陪孩子走完自然发展的过程。帮助孩子变成最好的自己，父母也会变成最好的自己，这就是教养之道。

父母要时刻意识到关系的重要性，密切注意与孩子的关系，不能让任何事情把我们和孩子分开，如果物理上难以避免，至少心理上不可以。从这个层面讲，依恋同伴的孩子会更难以教养，因为他们已经和父母出现了隔阂，不仅不愿意依靠父母，甚至还会伤害和疏远父母。当我们和婴儿互动的时候，如果没有得到回应，我们会感到受伤，更别说面对陷入同伴导向的大孩子了。他们可能不仅不会回应父母，还会变得特别刻薄，让人讨厌。

教养过程中，父母有可能会被孩子嫌弃，这对父母而言是很煎熬的经历。想想看，一个人如果不被理睬、重视或尊敬，必然十分痛苦。而面对别人的白眼、厌烦的语气、冷漠的行为和粗鲁的口吻，我们都很难做到无视。依恋同伴的孩子，对父母表现出来的傲慢和背叛，时刻都在挑战父母心中的依恋情感。父母也是凡人，受到伤害时，我们会防御性地退缩，在情感上逃避，以免自己再次受到伤害，这是很自然的反应。这时，大脑的防御区域会帮助我们从易受伤害的区域，退到其他相对安全的地方，让自己不会再因遭遇侮辱而心痛，也不会再因为关系不够亲近而心生怨恨。

父母的情感回避，可能会保护父母免受二次伤害，但孩子却会把这种行为理解成对他们的拒绝。这个时候，我们一定要明白，孩子不是故意要伤害我们的，他们只是在听从已经失灵的直觉。如果用情感回避来回应孩子的伤害，就等于在给孩子制造一个更大的情感空洞，把孩子推向了同伴的怀抱。父母的退缩，会导致孩子陷入同伴依恋和行为异常的恶性循环中。父母允许孩子疏远自己，就是在摧毁孩子归巢的唯一通道。如果我们自己都能接受孩子的疏远，那孩子就更没有什么可坚持的了。为了孩子，为了自己，我们都需要抓紧孩子，维护亲子之间的关系。看不到情感回避对孩子的伤害，也就找不到问题的根源。身为父母，有时需要把自己从问题中抽离出去，才能变得更清醒。

的确，持续坐冷板凳让人很心痛。父母需要一边无穷无尽、不求回报地付出爱，一边耐心地观察进展，期待明天会更好。即便眼前的处境让人束手无策，也不能放弃这块阵地，只要我们一直敞开怀抱，再任性的孩子终究也会重新回到身边。

很多绝望的父母经常给孩子下最后通牒，说出类似"行就行，不行就滚"之类的话。如果孩子和父母的关系本来就不稳固，那么孩子真的会因为这种话彻底打消继续亲近父母的念头。最后通牒给孩子的最强烈感觉是，父母对自己的爱和认同，都是有条件的。这样会让孩子意识到自己的需求是不被看见的。

其实，绝大多数最后通牒并不是真正的最后通牒，而只是父母逃避责任的一种方式。因为看不到任何得到回报的希望，或者失去了扭转教养局面的力量，父母最后选择了逃避。但对孩子而言，没有一个孩子能够经受得住这么残酷的直接拒绝。父母的回避，是对孩子的需求视而不见。其实，在父母真的忍无可忍的时候，与其回避，倒不如找一种迂回的方式。我经常会建议父母们考虑一下把孩子送到寄宿学校，或者让孩子寄住在亲戚家，当亲子矛盾还没有危及到心理关系时，空间上的短暂分别，倒可以让父母稍微松口气，重新获得让孩子归巢的动力和主动性。这是一种迂回的回绝，但却给了关系修复更大的可能。

还有一种现象，虽然说不上严重，但同样也需要父母注意。父母都会时不时地想摆脱孩子，即便自己并没有察觉到。无论父母的素养多高，都注定会有被孩子刺激到控制不住情绪的时候，没有父母能做到从来不发脾气，能永远都心平气和。短暂的关系破裂是难免的，除非这种状况经常发生，并且程度严重，否则不会造成什么伤害。真正有害的，是孩子回来找我们的时候，我们向他们传递出一种我们不在乎这种关系的信息。因此，这也是我们需要时刻把依恋关系放在首位的原因，当情感联结出现问题的时候，我们要及时修复。

判断一个人是否珍惜某件事，要看他在遇到困难的时候，对这件事的在乎程度。孩子是这样判断我们是否重视亲子关系的：当我们超越情绪去包容孩子，想方设法回到他们身边时，孩子收到的信息就是——我们把彼此的关系视为自己的头等大事。如果孩子的反应很强烈，情感似乎也受到了伤害，我们就要不断地强调，我们很看重关系，重申我们对他们的承诺："我还是你的妈妈，永远都是。我知道我生气的时候，你可能觉得我不爱你了，有时候我也会忘掉这一点，但我心里，一直是爱你的。我很高兴我们之间的关系非常亲密，但有时我们需要这样的矛盾存在。"具体怎么措辞，其实没有那么重要，真正能打动孩子的，是你说话的语气、动作和眼神。

不给别人取代自己的机会

孩子和父母的关系，也会因依恋方式的不同而不同。注重感官依恋的孩子，缺乏身体接触时，就会有一种分离感；以忠诚为依恋基础的孩子，在父母反对自己的时候，会感觉被疏远。有些孩子要先感觉到自己对父母很重要，才会去亲近他们，如果没有这种感觉，比如父母忙于工作，或者其他活动而忽视自己的时候，孩子就会觉得自己被孤立了，觉得自己不重要了。在心理上依恋父母的孩子，如果感受不到温暖和疼爱，就会觉得自己受到了冷落。如果被了解、被理解是维系亲密感的依恋方式，那么被误解就会让孩子心中生出嫌隙。这就是为什么父母永远都不应该向孩子撒谎，因为即使是善意的谎言，也会让孩子受到伤害。当孩子觉得只有自己被蒙在鼓里的时候，会有一种被孤立的感觉，并且会因此变得越来越焦虑。

总之，不管孩子的依恋形式是什么样的，父母的首要目的，就是帮助孩子和自己保持足够紧密的关系，不给别人取代自己的机会。

身体分离，心灵也要保持联系

那些基本靠感官获得亲密感的孩子，是父母维系关系最大的挑战。尤其是同伴导向的孩子，在和父母分开一段时间后，他们很难再把父母当作主要的亲密对象。与父母分开一段时间后，他们会疏远父母，对父母表现冷漠，比如上了一天学后，对父母变得爱答不理。父母想要解决这个问题，不妨借鉴一下异地恋的恋爱技巧，这样就能想出大把的主意。一般来说，恋爱双方都想保持亲近，所以会一起为了亲密关系而努力。而对父母和孩子来说，这个重担则落在了父母身上。亲子分离的原因有很多种，但面临的困难无外乎父母要工作、孩子要上学、父母不和孩子住在一起、生病住院、野营或者分床睡等。父母要考虑孩子需要的是什么。

不得已必须要分离的时候，父母可以借鉴一些有效的技巧，让孩子和自己保持联系，比如把自己的照片留给孩子，让他们佩戴有特殊意义的首饰或者装有照片的项链，给他们留一些便条或者自己之前的笔记，把自己的个人物品留给孩子，定期打电话，亲自录制一些特别的歌曲或者录音，留下有自己气味的东西，准备一些特殊时刻可以打开的礼物，可用的技巧无穷无尽。仔细去想，每个人其实都知道怎么做，空间分离时，我们更要意识到心灵联系的重要，并且要自己承担起这份责任。特别是对不善于表达需求的孩子，我们更要细心观察，看到他们隐藏的内心。当然，这里指的都是青春期以前的孩子，青春期的孩子基本就不吃这一套了。

另一种和孩子保持联系的方式，是在和孩子分开的时候，一定要让他知道你在哪里。让他熟悉你的工作地点，就是一个很好的办法。出差的时候，可以准备一张地图，让孩子能在地图上找到你的坐标。和恋人一样，当一方能够确定另一方的情况时，分离就变得没那么难熬了。

不在孩子身边的时候，我们还可以寻求别人的帮助，让孩子在心里一直想着父母。可以求助朋友、亲戚或者其他可以承担看护责任的成年人，让他们和孩子一起聊聊父母，时不时地让孩子想象父母在干什么，给他看一些能够唤起美好回忆的照片。即使开始的时候，孩子可能会焦虑、烦躁，但是这样的间接方式，可以让亲子关系得以维系。

培养别人无法取代的亲密感

让孩子亲近父母，最终目的是为了和孩子培养一种最深层的亲密感，一种别人无法取代的亲密感。这是我们最终会看到的真相。

培养亲密感的第一步，是让孩子开口对父母说出自己的想法。很多孩子很被动，父母主动问他们的想法，他们又不说。想打破僵局，窍门在于父母要有科学的规划——经常一起出门，一起做事。小时候，我都是在和母亲一起洗碗或者摘蓝莓的时候，才会跟她说一些其他场合永远都不会说的事。这些时刻带给我的记忆很深刻，对后来的亲子关系起到了很大的作用。

加博尔有个十几岁的女儿，经常半夜跑到他的书房，而那个时候，正是他想要拥有一些私人空间的时候。不过也正是这些时候，女儿会和他讲一些之前很少会提的私事。他也会放下正在看的书或者邮件，专心听孩子诉说，学着欢迎并享受这些"被打扰的时刻"。身为父母，我们需要抓住每一个维系关系的机会。

一些孩子会为了自我保护而封闭情感，泄露任何可能会伤害到自己的事情都会让他们感到特别恐慌。对这样的孩子而言，要尽可能让他们学会分享，不要动不动就纠正或者教育他们，而是要和他们建立起联系。开始的时候，不要太过直接，最好先营造一些单独相处的时光，虽然这很大程度上是一个试错的过程，但是父母的主动和真诚，终归会有回报的。

不要强行亲近孩子

父母都会有无能为力的时候：无法让孩子自愿和自己在一起；无法让孩子听从自己的引导，或爱自己；无法让孩子变好；不能决定孩子和谁交朋友。换个角度，我们会发现其实有很多事父母是不应该做的：不应该强迫孩子，不应该强行亲近他们。

抓紧孩子，不是要塑造他们的行为，而是唤起他们的依恋本能和直觉，帮他们建立正常的依恋等级。当孩子跟随自己的直觉，逐渐远离父母的时候，只抓紧孩子是不够的。父母必须维系、修复亲子关系，让孩子觉得和父母在一起、依赖父母是非常正确和自然的事。要想达成这一目的，父母需要制订正确的计划和规则，不应该把孩子的依恋情感交由命运安排。

父母可以用现有的权威，去制订正确的教养计划，一方面，能够防止孩子远离自己，另一方面，也可以让孩子归巢。计划和规则中应该包括电视、电脑、电话、网络、电子游戏和其他课外活动。对于同伴导向的孩子，如果父母强行施行教养计划和约束条件的话，会给亲子关系造成进一步的伤害。教养要对症下药，情况不同应对方式也要不同。聪明的父母不会在自己的依恋权威范围外，再去附加限制条件。

兰斯的母亲回忆道:"11岁的时候,原来不受欢迎的兰斯突然变得非常合群。但我和他爸爸特别不喜欢他新交的两个好朋友,他们好像完全无视自己的父母,和家人的关系也很不好。这两个孩子出现的时候,我们都非常不舒服,非常不放心,那是种本能的不适。"

"突然间,兰斯开始听好朋友常听的CD了。歌词里面有很多脏话,充满了暴力,连我这个摇滚粉丝都觉得不堪入耳。但当时,那个叫乔希的孩子,就好像是个花衣魔笛手一样,把兰斯给吸引走了。兰斯变了,开始对我们保守秘密,同时经常和这两个孩子联系。"

"我们决定想办法让他们断绝联系,但失败了。当时,我们坐在兰斯旁边告诉他:'我和你爸爸不想让你再见乔希了。'他哭了,而且哭了很长时间。很明显,他觉得我们强迫他做出选择,而他选择了乔希。他哭,是因为他觉得会想念我。"

"之后,他就不跟我们讲话了。一连三个半月,我们都处于僵持状态。他仍和乔希见面,上学时、放学后以及周末都是如此。最后,我们不得不让步。"兰斯的父母最后意识到,他们不能直接和同伴关系对抗。他们缺乏教养权威,所付出的努力注定是无果的。他们必须回到问题的源头,和儿子联络感情,重新把他拉回到亲子关系中。

因此,在父母还有教养权威的时候,一定要制订出正确的教养计划。其中很关键的一点,就是制订能培养亲子关系的计划：家庭度假、家庭游戏和家庭活动。一家人坐在一起吃饭，是一个很重要的传统，联络感情通常和吃饭是共生的。在我看来，饭桌是个很有安全感的氛围，在这个氛围里，食物是打开心房的钥匙。而有关其他哺乳动物的研究也表明，在依恋环境下，动物的消化功能要比平时好。这就可以解释，为什么有的孩子经常在学校肚子痛或不好好吃午饭，因为学校里缺少依恋环境；也解释了，为什么很多同伴导向的孩子会拒绝父母喂饭，或者拒绝和家人一起吃饭了。

虽然一起吃饭这件事能帮我们促成某种关系，但真正起决定性作用的，则是吃饭时进行的交流。全家人一起吃饭，可以作为和孩子联络感情的有效方式，父母可以很自然地和孩子"套近乎"，向他们发出依恋邀请，为他们提供一些可以抓住的东西。这样的活动，能够让父母独享孩子的目光、笑容和认同。家庭计划在联络感情和维系关系方面，也发挥着非常重要的作用。父母要以培养关系为目的，专门规划亲子活动的时间和地点，一对一的活动比一群人的活动更有助于培养亲子关系。这样的活动不计其数：一起散步，一起玩游戏，一起做饭，一起读书。讲故事和唱歌之类的睡前活动，是年龄较小的孩子比较喜欢的活动。以上这些道理，大部分父母都非常明白，但很少有人能意识到，如果不想输给孩子的同伴，就需要进行这类活动。即便是每周一次的活动，都会对建立亲密的亲子关系，起到很大的作用。

第16章
唤醒父母的教养直觉

身为父母，应该看见：

- 行为管教法其实是在搬起石头砸自己的脚。
- 所谓的教养技巧，其实只会让孩子离我们越来越远。

如何约束孩子的行为，是父母面临的最大挑战之一。怎样去控制一个没有自控力的孩子？怎样才能说服孩子去做他不想做的事？怎样才能阻止孩子打人呢？怎样管教不听话的孩子？

而今的快餐文化中，人们都是以结果为导向的，似乎行为的全部意义，就是要在短期内见到效果。只要赢得孩子的顺从，即便是暂时的，我们也会以为自己的办法是有效的。然而，如果把关系和孩子的个性发展考虑进来，我们就会发现，行为管教法——也就是强行限制、刻意威胁和撤销特权——其实都是在搬起石头砸自己的脚。

惩罚会引发敌对，造成情感上的冷漠。用冷落教训孩子，用"严厉的爱"规范孩子的行为，用"1-2-3"让孩子听话，这些策略都只会把亲子关系弄得更加紧张。当孩子突然发脾气时，我们选择无视，当孩子不听话时，我们选择孤立或冷漠，我们其实都在削弱孩子的安全感。对孩子呼来唤去，会刺激他们的逆反心理，而用奖励讨好有逆反心理的孩子，也会产生同样的效果。所有这些所谓技巧，都会让孩子离我们越来越远。

那么，父母还能用什么方法呢？

当我们把注意力从"教养过程要做什么"转移到"教养中什么最重要"上，当我们开始更加在意亲子关系时，就会发现很多安全、自然、有效的方法。虽然这需要我们在思维上做出很大的改变，但却是重建关系必须要做的事。如果只关注行为，就会危及到教养的根基——关系。

父母更需要"被管教"

在教养的过程中，父母的管教，通常会被孩子理解成惩罚。然而，管教其实是一个内涵非常丰富的词，可以指某种教育方式、一个专门的研究领域、一系列的规则以及自律。从这个层面看，父母才是最需要被管教的人。

对孩子的管教，不该是浅层意义上的惩罚，而是深层面上的培养、管控和命令。毫无疑问，孩子是需要管教的，但是，父母更需要"被管教"。这一点令我们吃惊，但也是父母必须深刻洞悉的。我们需要学习的，是怎样让管教孩子的方式不伤害到亲子关系，不会造成他们情感上的防御和距离上的疏远。

在从事了多年的父母咨询工作后，我把自己对管教的心得，总结为"自然管教的七条原则"。其中"自然"，是指安全发展和健康依恋。我们既要尊重亲子关系，又要照顾到孩子长期的成熟过程。不过，这七条只是原则，不是公式，如何把它们应用到教养中，父母就要具体情况具体分析了，不同孩子、不同家长、不同性格，适用的方法也会不同，主要取决于孩子和父母的需求和计划。

深入研究现有的教养研究，我们会发现它们往往倾向于迎合家长对教养技巧或策略的需求。其实，父母真正需要的并不是这些。像教养这样复杂细致的工作，绝不是一些简单的策略就能应对的。策略侮辱了父母的智慧，也会让父母对教养专家产生依赖。教养首先是一种关系，而关系不适合用策略来处理。关系的基础是直觉，管教的七条原则，就旨在唤醒父母的教养直觉。经历了无数次的教养大战，我们会发现，父母需要的不是技巧或者策略，而是关爱、原则和见解，具备了这些，剩下的教养工作就会水到渠成。

当把自己的依恋价值观付诸行动时，大部分人可能都要和自己的冲动与不成熟做斗争，和自己的矛盾心理做斗争。最重要的是，可能还要克服心中的无力感。很少有人在孩子刚一落地时，就已经准备好了当父母，父母自己也是依恋和适应的产物。当然，依恋指的是孩子对父母的依恋，它能让父母成为父母。适应则和父母的持续发展有关，当父母的努力没有成效时，就会出现无力感，从而有不断提升自我的动力。这个试错过程是必需的。当意识到失败的时候，父母必须让自己感受伤心和绝望，逃避脆弱只会切断为人父母的成长过程，让我们变得呆板又无能。

这七条自然管教原则，也可以被称为"为人父母的七条原则"，包括自我控制，还包括有组织地为了目标而努力。父母管教孩子的能力，很大程度上是父母自我管控的衍生品。父母要通过换位思考去体谅孩子。当我们缺乏自控力的时候，是不会惩罚自己或告诫自己要好好表现的，这类方法既然在大人身上行不通，那么，在孩子身上肯定也不适用。所以，问题的答案就在于，父母要承认自己也容易犯错，承认不良情绪确实有可能占上风。

尽管我们爱孩子，承诺要让孩子幸福，但有时，父母还是会发火。在某些情况下，如果意识到自己要发火了，父母可以先把问题搁置一旁，等心中的爱意战胜不良情绪后，再去处理问题。而自己暂停的时候，可以把教养责任暂时转交给配偶或者其他信得过的成年人——这样做不是为了惩罚孩子，而是为了在情绪复杂的时候，给孩子找到一个能够感到安全与呵护的地方。父母要学会从这些互相冲突的因素中学到自控与平衡的智慧。

管教不应该、也不需要和孩子变成敌对关系。孩子生来就不成熟，他们受情感冲动的控制，或许达不到父母的期望，但这都不是他们的错。父母的管教，只有在亲子之间存在联系的时候，才能发挥作用。有时，绝望的父母会在我的办公室里贬低自己的孩子，此时我会建议他们先停一分钟，静静想一下自己和孩子的关系，然后再向我倾诉。令人震惊的是，当父母找到和孩子的联系时，他们的想法就会发生很大的变化。

　　就像成熟的过程一样，教养的过程也有客观规律可循。管教是孩子发展过程的一个固定环节。孩子成长过程中，必然会经历一些过程，让他们自发地纠正自己的不良行为，而父母的一部分任务，就是配合孩子，而不是对抗。当然，引发孩子改变的最重要动力，还是依恋，但这其间也有自然规律在发挥作用——孩子自律克己的内在动力；也有适应的过程——孩子从失败中吸取教训的能力；也有整合的过程——孩子能容忍复杂感情和想法相互交织的能力。自然发展过程中的这些机制，都能起到规范孩子行为的作用，可以让孩子变得更适应这个社会。当这些过程受到限制，或者呈现出不正常的趋势的时候，就会出现同伴导向，父母的教养过程就会变得困难。这些动力本该自发地起到辅助管教的作用，当这些动力受损或扭曲之后，父母也就没有合作对象了。

自然管教的七条原则

1. 联系法，而不是分离法

分离，一直是教养的一张王牌。父母惯用的让孩子"面壁"，其实也是一种分离。但让孩子面壁，是父母在变相地躲避责任——孤立、忽视、冷落和暂时不爱孩子。面壁，引发的问题比解决的问题还要多。看见，才会权衡什么方法更为有效、长远。

疏远孩子或威胁要疏远他们，是一种非常有效的行为管控方式，因为它会触发孩子内心最深的恐惧——被父母抛弃。学步期或者再大点的孩子，如果不在意父母的接触和亲近，那么和父母的分离，对他们就不会产生什么影响。切断与孩子的联系（或当孩子觉得我们可能要这样做的时候），会让孩子的依恋脑进入一个高度紧张的状态，接下来，孩子做出的所有反应，都会出于焦虑心理，而这种焦虑的体现形式，则取决于孩子的依恋方式。那些所谓的有效方法看似能马上解决问题，但却切断了我们了解孩子的通道。

通过"听话"来维系亲子关系的孩子，会不惜一切代价，保证自己再也不违背父母的意愿。他会用一系列的"对不起"，来试图重建和父母的关系。那些通过充满爱的手势和话语来亲近父母的孩子，在感觉父母要疏远自己时，会一直说"我爱你"，来修复和父母的关系。如果孩子对父母的依恋主要是身体接触，孩子可能就会一连几小时都特别黏人，不想让父母离开自己的视线。孩子的这些行为，并不代表他们真正理解自己的错误，或者真的感到忏悔了，他们这样做，只是出于想重建亲密关系的焦虑心理。父母如果觉得这些方法就能让孩子吸取教训或反思错误，那就太天真了。很多时候，我们无法看到所谓技巧的危害，原因在于我们在孩子面前失去了耐心。

和孩子打分离牌，父母要付出的代价很大，会给孩子制造出不安全感。被分离威胁大的孩子，只有在达到了父母的期望后，才敢主动亲近父母。在这种情况下，因为孩子一直处在依恋饥饿中，孩子会持续焦虑，无法培养出真正的个性和独立的自我。这样的孩子，可能会非常"听话"，但同时也会缺乏活力。

分离威胁要发挥作用，必须具备三个前提：孩子依恋我们、渴望亲近我们，并且没有封闭内心。换句话说，只有孩子依旧依恋我们，才会因为和我们分离而难过。如果上述这些条件都不具备，那么用分离来威胁孩子，是不会有什么效果的。不仅如此，无论是身体分离，还是情感上的冷落，都会压垮孩子敏感的心理。分离击中的，往往是孩子心中最脆弱的地方——想要亲近父母的需求。长此以往，孩子早晚会为了免受这类伤害，而被迫选择自我保护。他会在情感上封闭自己，或者更准确地说，他会封闭自己的依恋脑。急功近利导致我们忽略了孩子内心的需求，也堵塞了亲子沟通的通道。

如果利用孩子对我们的依赖来对抗他们，结果只能是刺激孩子的依恋脑来拒绝我们，造成孩子在情感上空缺。为了免受伤害，孩子会拒绝和父母接触，以此来保护自己。即使父母为了和解跟他们示好，他们也可能会藏在床下或者衣柜里，避而不见；或者，预料到自己会有麻烦，孩子可能会躲到自己的房间或者要求独处。无论是哪种情况，都说明分离已经促使孩子产生了疏远父母的本能。

用分离来惩罚孩子的攻击，给孩子带来的伤害会更大。刺激孩子进行攻击的是受挫感，此时用分离法去管教，只会加剧孩子的攻击行为。攻击心理强的孩子，做出的顺从都是短暂的，他们顺从，是因为对亲子关系产生了短暂的恐慌。而当父母重新亲近自己后，他们的挑衅心理则会加剧，这背后的推动力量，就是不当管教引发的沮丧心理。压制孩子的挑衅，只会让孩子越来越叛逆。

替代分离的积极方法，会建立起亲密联系。亲密关系，是父母教养权威和影响力的来源，也是孩子上进的动力。和孩子保持亲密关系，既应该是父母的短期目的，也应该是长期目标。想要通过建立关系来管教孩子，诀窍就在于在问题出现之前，就要把亲子关系放在重要位置，而不是在和孩子强行分离后，才意识到亲子关系的意义。这个顺序，父母要懂得。父母要防患于未然，不要在孩子已经不守规矩后再去进行惩罚。基于这种思维所采取的教养行为，我们称为"关系先于引导"。我们的直接目的，是和孩子联络感情建立关系，而最终目的，是为了给孩子提供指导和引导。如果能先和孩子培养亲子关系，被拒绝的概率就会降到最低，同时，父母自己也不太可能做出消极反应。无论是面对不愿配合的学步期孩子，还是叛逆的青春期孩子，父母都需要先和孩子拉近距离，重新在情感上和他们亲近，之后，他们才有可能顺从父母。

11岁的泰勒和妹妹还有一些朋友在后院的游泳池里玩。大家玩得都很开心，不过泰勒玩过了头，开始用塑料玩具打朋友。母亲让他不要打人，他没有听，父亲十分生气，大声斥责泰勒不听母亲的话，并命令他从泳池里出来，然而泰勒还是没有听。最后，父亲跳进泳池把他拖了出来，并且把他关在房间里让他反思。这对父母和我解释说，这样做是因为泰勒的行为太过分了，绝对不能容忍再发生第二次。而在听了我对分离教养法的后果分析后，他们想知道除了这样做外，还有别的办法。

在这种情形下，父母需要先暂停一下，才能继续管教。当亲子关系出现问题的时候，最好的办法是拉近彼此的关系，而不是疏远。在孩子做出回应之前，父母应该表露出自己拉近亲子关系的意愿，而和孩子重新联系的第一步，就是修复亲子关系。比如一起散步，一起骑车，一起玩球，这些活动只有在完整的关系中，才可能有成效。泰勒因为对自己的事情十分投入，所以他并没有接受父母的指导，也没有听他们的话。这种情况下，父母在采取下一步行动之前，必须重新和孩子建立联系。父母为此可能需要做出一些努力，比如说："泰勒，你玩得真开心。"听到这样的话，孩子往往会咧嘴一笑。当和孩子有了眼神交流，看到他们的微笑之后，父母下一步要做的，就是拉近和孩子的距离："泰勒，我想和你单独说会儿话。"一旦和孩子建立了联系，父母就获得了管教孩子的权威和影响力。接下来，父母就可以引导孩子平息矛盾了，而且还不会让他和同伴扫兴。另外，泰勒的父母一定要避免影响到孩子对自己的依恋，这一点比让泰勒吸取教训还重要。父母要在最开始就使用联系法，而不是在最后不得不使用分离法。

这种管教法并不复杂，事实上，它出奇的简单。关键在于开始的步伐要小一点，要有耐心。这种"关系先于引导"的原则，几乎适用于所有事情，无论是让孩子做家务，让他帮忙布置餐桌，提醒他晾衣服，告诉他不能再看电视了或者是孩子和兄弟姐妹之间的交流问题。如果亲子关系的基础很牢固，这个过程可能很快就能完成。但如果孩子不太依恋父母，或者有防御心理的话，那么父母在试图和孩子联络感情的过程中，就会出现阻碍，父母会很难强行限制孩子的行为。所以，在和孩子联络感情不成功后，父母应该关注自己收到的提示，及时停止所有与孩子对抗的行为，转而把注意力和精力放在培养亲子关系上。

最初使用这种"关系先于引导"的方法时，我们可能会感觉有点尴尬和不自然。不过，一旦熟练以后，我们就能很好地消除掉亲子关系中的嫌隙了。擅长使用这种方法的父母，通常会先赢得孩子的笑脸和赞同，再向孩子提出要求或者命令，这样做，会取得非常惊喜的效果。

2. 出现问题的时候，处理关系，而不是问题

孩子不听话的时候，父母会想以最快的速度处理孩子的不当行为。心理学把这种现象称为"及时性原则"，这种原则遵循的理念是：如果不立即处理，孩子就会失去学习的机会，就会从乖张的行为中不负责任地逃脱。其实，这种担忧是毫无根据的。

及时性原则，源于对动物学习能力的研究，但研究过程中是不涉及意识层面的，也无法和研究对象进行交流。如果父母生硬套用这个原则，把孩子当成是没有意识的生物，就会让孩子感觉父母特别不信任自己。孩子在这方面像成年人一样，不愿意亲近那些误解自己和侮辱自己能力的人，尤其是，在自己已经有其他依恋对象可以选择的时候。

亲子关系紧张，孩子的行为通常会失控，这时父母应该暂时放下管教的想法，因为这个时候去纠正、引导或教训孩子，都是白白浪费时间。亲子关系的紧张也会刺激到父母，这些行为通常出其不意，让父母产生强烈的反应，父母会像孩子一样，急切并欠缺考虑地做出回应。但是父母却忽视了，当孩子犯错的时候，也是最不愿意接受别人意见的时候。

父母要把亲子关系放在第一位，当孩子犯错，第一反应就是先保护好孩子的依恋情感。当平息了亲子关系中的紧张气焰，修复好了亲子之间的联系后，父母随时都可以回过头来再

去纠正孩子的行为。

孩子激怒父母的时刻，对父母维系亲子关系的能力，是个重要的考验。孩子最典型的两种激怒父母的行为，就是挑衅和逆反心理。如果孩子冒犯父母，比如说"我讨厌你"，甚至攻击父母，父母首先要解决的，是如何在不影响亲子关系的情况下，承受孩子的攻击。父母必须维护自己的自尊，不能让自己失控的情绪激化亲子之间的矛盾，如果任凭自己的不良情绪占上风，那也就无法继续担当帮孩子确定方向的重要角色了。

面对沮丧情绪，父母应该关注的是情绪本身，而不是认定孩子的攻击是否针对自己。下面这些话，可以让我们心里感到好受很多："你现在很烦我""你很沮丧""你不愿意这样""你想让我说好，而我却说了不""你在脑子里想着所有能对我说的脏话""你的那些情绪已经没了"。具体措辞不重要，重要的是，父母要表示出对孩子沮丧情绪的理解，并暗示孩子，刚才的不愉快不会影响孩子和自己之间的关系。想要保护好亲子关系，父母就要不断让孩子看到：发生矛盾不会影响亲子关系。

有时，及时举红旗示意犯规，是个好办法。怎么举红旗？比如我们可以说类似的话："这样不好，我们一会儿再聊这个。"说话的语气比内容重要，注意语气应该友好，不能带有威胁的意味。父母重点保护的，是人与人之间特有的关系。因此先要让自己和孩子平静下来，等到时机合适的时候，再把之前的问题罗列出来，双方一起解决。让孩子归巢是第一任务，随后，才能尝试让孩子从问题中吸取教训。

3. 鼓励孩子流泪倾诉，而不是急着让他吸取教训

做孩子不容易，他们有太多要学的东西了：和弟弟妹妹分享父母的爱，让着弟弟妹妹，消解沮丧和失望情绪，接受生活中的不完美，学会放弃一些需求，放弃执念，直面别人的拒绝。管教的最基本意思是"教育"，因此，为人父母很大一部分的责任，就是教给孩子他们需要知道的东西。但是，我们应该怎样教呢？

孩子汲取的生活教训，更多是源自对生活的适应过程，而不是他们做出正确思考的结果。而适应的关键，是在面对一些行不通、不能改变的事情时，要能感知到无能为力。按照正常的流程，孩子自然而然就能吸取到必要的教训了。

适应过程帮父母完成了"管教"孩子的任务：教会孩子不再做那些行不通的事，让孩子能够接受局限和限制，帮助孩子放弃那些不合实际的需求。只有经过这样的过程，孩子才能适应那些自己不能改变的情形。同时，孩子还能通过这个过程，发现生活中是可以存在一些无法实现的愿望的，这能帮助孩子从创伤中恢复过来。这些宝贵的教训，既不能用理性教授孩子，也不能用结果去教会孩子。它们是父母要用心去传授的东西，并且孩子只有在感受到徒劳的时候，才能学到。

父母既要让孩子感受到无力感，又要做安慰他们的天使，这是人类最精妙也最具有挑战性的角色。要想帮助孩子完成适应的过程，父母必须让孩子学会流泪，学会放手，学会在意识

到要放手的时候，能心怀平静。

适应过程的第一步，就是给孩子呈现一堵"无力之墙"。有时，父母需要特意建造这样一堵墙，但是大部分时候，日常生活就可以出现这样的墙："你姐姐说不""这样不行""你不能那样""这还不够""他没邀请你""她没兴趣听你讲""别人赢了""奶奶没来"。面对无力之墙，只要眼前的情形有一点改变的可能，孩子就无法做到适应。关键是，要让孩子敢直面事情的真相，而不是妄图让事情顺应他的想法。

如果父母在不可改变的事情面前立场不够坚决，那么就会导致孩子逃避现实，这会影响孩子的适应过程。父母有大把的时间来解释眼前发生的事情，但是必须要等孩子明白自己无力改变眼前的事实之后，再去解释。

适应过程的第二步，是体谅孩子的挫败感，并安慰他们。一旦让孩子感受到无能为力后，接下来就应该引导他们流泪。这一步的目的，不是要给孩子一个教训，而是要帮助他们变沮丧为悲伤。一旦完成这一步后，孩子自然就吸取到教训了。我们可以说一些类似"事情行不通的时候真难办""我知道你真的很想做好这件事""你想从我这里得到一个不同的答案""这跟你的预期不符""我也不希望事情是这样"的话。重要的是，要让孩子感觉父母是和他在一起的，而不是和他对立的。时机成熟以后，父母说话时就可以带着一些悲伤，让孩子感受到沮丧乃至失望。注意，时机的拿捏可能需要一些经验，太早或者太晚都可能适得其反。在这一环节，父母需要跟着自己的感觉走。

有时，父母可能把前面所有环节都做对了，但还是在推动孩子适应的这一环节惨败。这种现象的出现，可能是因为孩子没有把父母当作依恋对象。还有很多时候，孩子不会流泪，是因为他们的适应过程遇到了阻碍——孩子因为逃避脆弱，而留下了后遗症，他们体会不到无力感。

对于孩子"不会适应"的状况，父母也要学会适应。当自然管教在孩子身上难见成效的时候，父母就需要暂停向前。这个时候，父母要去感受悲伤，放下那些不可能的期望。只有放弃不可能的事情，才更有可能发现可能的事情，探索其他方式了。幸运的是，还真的有其他方式可以选择。

4. 积极的意愿，比好的行为更宝贵

父母要做出的第四个转变，是把注意力从孩子的行为，转移到孩子的意愿上。一个人的意愿，是价值观形成的种子，是责任感的前身。具备各种意愿，才会产生复杂的情感。父母忽视对孩子意愿的引导，就等于忽视了孩子宝贵情感体验的来源。任何时候，父母的目标都是努力去引导孩子的善意，这样孩子才会愿意为父母变好，愿意接受父母的影响。

为了做到这一点，第一步必须与孩子联络感情，培养有助于教养的亲子关系。接下来，父母才可以用自己的影响力，引导孩子走向正确的道路。如果我们先做好情感铺垫，就可以引导孩子朝着好的意愿方向前进。

引导学步期的孩子，秘诀在于让他感觉自己可以掌控方向盘，就像在游乐场里，每个玩具车都有自己的小方向盘，但这些方向盘其实并不能调整小火车小汽车的方向，但孩子抓住方向盘，却会觉得是自己在开车。不过，如果能赋予孩子真正的掌控权，就会避免一些可能会发生的问题。比如，如果你知道离开游乐场的时候会遇到一些阻力，那就在离开之前，做一些情感铺垫，引导孩子配合你，比如说："一会儿走的时候，你能把鞋穿好吗？"接受离开这件事，可能对孩子来说会很难，但问他能否把鞋穿好，孩子就会觉得自己离开的时候，可以掌控一些事情，他就会更容易接受了。

引导年龄大一点的孩子时，父母需要跟孩子分享一些自己的价值观，或者在孩子身上挖掘一些和自己共通的价值观。比如，我们可以和孩子分享自己如何处理沮丧情绪："受挫的时候，我不会冒犯任何人，我经常为此感到自豪。我觉得你长大了，可以像我这样。你愿意试一试吗？"对平时容易紧张的孩子，我们可能需要在参加活动之前，给他打一些"预防针"，比如说："我知道你有时玩得开心时会忘乎所以，别人叫你停一停的时候，你会忘记。咱们这次来试着避免这个问题，好吗？"

当然，即使引导孩子产生了积极的意愿，并不代表就能自动带来期待的行为。即便是成年人，也不是总能把好的意愿付诸行动。但事情总要有开始的时候，找准正确方向就是开始的第一步。

引导孩子的意愿，意味着要意识到和关注孩子的意愿，而不是我们的意愿。因此不要说"我想让你……""你需要……""你必须……""我告诉过你……""你一定……"这样的话，而是要引导孩子去挖掘自己的意愿，父母可以说："我能相信你会……""你准备好……""你觉得自己现在能应付得了吗""你愿意试着记一下吗"。当然，有时候父母也需要强行执行自己的意愿。但如果在把自己的意愿强加给孩子时，父母的态度强势，或者没有良好的亲子关系为基础，最终结果会适得其反。

引导孩子变好，是一种安全、高效的教养方法，它可以让孩子从内而外地发生转变。如果是这种方法都解决不了的事情，那么其他方式也不可能有用了。

引导的同时，父母一定要认可孩子积极的意愿。要尽可能地支持和鼓励孩子："我知道你也不想这样""没关系，你总会做到的""我知道你不是故意的，这一点很重要"。孩子的意愿需要小心呵护，才能成熟结果。只有父母对这些不可避免的失败抱着一种轻松的态度，孩子在失败面前才不会轻易放弃。

5. 鼓励孩子感受复杂的情绪，而不是急着去制止冲动行为

"别打了""别打岔""停下来""让我自己待会儿""别跟个孩子一样""别这么没礼貌""控制住自己""别这么虚伪""别犯傻了""别烦她""别这么刻薄"……当父母试图制止孩子的冲动行为，就像站在火车前命令火车停下来一样。孩子的冲动行为,是受本能和情感驱使的,我们很难通过对峙或者大声命令,来强制管教他们。

　　有一段时间,一部分心理学家认为孩子的大脑是一张白板,不受任何内部力量的影响。如果真的是这样,那么孩子的行为应该比较容易被控制。然而,现代科学已经逐步证实了这种说法的错误。研究人类大脑的神经心理学家发现,孩子的很多反应都是在本能和情绪的驱使下自然而然出现的,而不是意识层面的决定。很多情况下,孩子在内在指令的驱使下,已经有了一个固定的行为模式,比如,胆小的孩子,会跟随自己的本能去躲避;没有安全感的孩子,会习惯性地抓紧和坚守某种东西;沮丧的孩子,经常会提要求、哭泣或者攻击别人;羞愧的孩子,会被躲避或者隐藏的指令所控制;逆反的孩子,会自动反对别人的意愿;容易冲动的孩子,则受到冲动的主宰。宇宙自有自己的秩序,只不过未必是我们期待的那种秩序。大脑按照本能和情感指挥孩子行动,这才是它的本职工作。

　　教养,不代表一定和孩子对峙。自控力不是意志力,而是对复杂情感的掌控力,当相互矛盾的动力交织在一起,各种指令才会彼此平衡,孩子才能成为一个好的"驾驶员",稳步前进。当孩子的行为来自意愿而非冲动的时候,一种新的秩序形成了。父母的工作,是帮助孩子意识到自己的冲动情感和想法,并帮他找出起调和作用的意识元素,削弱他犯错的冲动,而不是要急于纠正孩子的行为。

　　所以,父母要做的,是让孩子去关注可以调和冲动的情感,而不是提醒他去留意酿成错误的失控情绪。一旦孩子重新感受到友好和关爱后，接下来，就可以谈论之前的沮丧情绪了。"我们现在玩得多开心啊。我记得你今天早晨有点生我的气。实际上，你当时太生气了，真把我吓到了。"我们需要给孩子一些空间，让他能感受复杂的情感："我们这样对爱的人生气，好玩吗？"我们也要照顾到孩子的叛逆情绪："刚才你好像很愿意帮我做事。几小时前，你还觉得我像个老板似的来回指使你。"

帮助孩子去感知起调和作用的情感，他才能应对自己的行为问题，这对关系的维系是有好处的。父母发现孩子身上出现的问题，鼓励孩子去感受互相矛盾的冲动，并表示包容他的所有情绪，这样的管教，会吸引孩子亲近父母，而不是把他推得越来越远。但这一切首先需要父母能看见孩子的情绪。

很多时候，我们习惯让孩子消除那些不好的冲动——好像他们能给自己的精神做手术一样。但我们不能制止那些深深根植在孩子本能和情感中的冲动，这些冲动会伴随人的一生。除非情感麻木了，否则人们会感受到那些和羞愧、不安全感、嫉妒、占有、恐惧、沮丧、负罪、叛逆、畏惧和愤怒相关的冲动。大自然早已对此给出了答案，它说："不要除掉某种冲动，而要学会用别的情感来调和这些冲动。"

6. 要正面引导，不要错误示范

必须承认，不是所有的孩子都能接受鼓励和引导。比如，对于无法处理复杂情感的孩子，无论父母多么懂教养或多么努力，他们就是没有调和情绪的能力。

　　自控力较差的孩子，意识不到自己的行为会有什么影响和后果，他们不会三思而后行。他们的大脑也不能同时装进自己和别人的想法，这些孩子的意识层面还是一维的，甚至连一些简单的要求都做不到，比如听话、有礼貌、不要插嘴、待人友好、待人公平、有耐心、别在外边吵闹、要合群。当我们奢求他们去做不可能做到的事，他们只会更加受挫，还会感觉自己是个有问题的孩子。作为没有防御心理的孩子，是绝对忍受不了这种羞辱的，所以，要想和这些还未成熟的孩子维系亲子关系，父母就必须抛弃不现实的要求和期望。

　　管教这类孩子，我们应该直接指示和示范。虽然指令不会让孩子变得成熟，但却能让他们应对那些靠自己还应对不了的事。我们可以指导他们下一步应该如何做："你应该这样抱小宝宝""让我们帮马修转个身""如果你想抱一抱奶奶，那现在就可以抱啦""我们要这样抚摩猫咪""现在轮到爸爸说啦""你现在应该轻声说话"。

　　我们要把自己放在孩子指导者的位置上，先从最基础的地方下手，先和孩子联络感情，然后再解决问题。一旦孩子愿意和我们保持联系，我们就能引导他们了。当然，管教孩子行为的前提，是以孩子的依恋为基础。不用要求孩子对父母有特别深的感情，只要能够唤起他们愿意模仿的本能，就足矣。

　　父母在指导孩子做什么和怎样做的时候，要给孩子正面的指引。对不成熟和不知所措的孩子来说，他们能听懂的只有具体动作，至于你说"要做"还是"不要做"，他们都会完全忽略。所以，千万不要把指令放在错误的行为上，一定要放在正确行动上，如果给孩子示范你想让他做的行为，这样的效果会更好，就像电影导演和编舞老师一样。

举个例子来说，如果是教孩子滑雪，我们只对孩子说"保持平衡""别摔倒""慢点""控制着滑"和"转弯"，是没有用的。这些指令，在孩子学会滑雪之前是不可能奏效的。相反，我们可以给孩子演示一下怎样用滑雪板画个弧线，然后再继续说一些他能听懂的指令，比如"画个圆""从右边下来""摸膝盖"等，这样他们才能掌握平衡、刹车和转弯的动作。看起来，好像是孩子刚一学就知道怎么滑雪了，其实，孩子直到熟记这些动作要领后，才滑得这么好。

7. 改变不了孩子，就尝试改变孩子所处的环境

教养存在个有趣的现象：越是不需要管教的孩子，管教方法对他们来说会越有用；而越是需要管教的孩子，常见的管教方法反而越没用。

孩子难管，是因为我们缺乏支撑起自然管教的基本要素。面对那些不会控制冲动的孩子、引导后也无动于衷的孩子、感受不到挫败感的孩子以及不愿意上进的孩子，我们很容易变得异常严厉。不幸的是，这种严加管教通常会适得其反。强压只会带来反抗，惩罚只会带来反击，大喊只会带来沉默，约束只会带来挑衅，冷落只会带来疏远。一旦在合理管教后，没能见

到效果，我们就不要再继续加码了，应该换一种管教方式。

如果实在改变不了孩子，那只能尝试改变孩子所处的环境。具体说来，就是改变会引发这些行为的情况。遇到这些情况时，不要去试图改变孩子，而是去改变引发问题的环境，才能促进管教的效果。

这种管教方法需要父母具备三个条件：(1)已经意识到其他管教模式只是白费力，放弃了那些不可能的事；(2)了解引发孩子不良行为的环境因素；(3)能够改变或者控制这些不良因素。其中感受到孩子的徒劳、不再和那些自己改变不了的事情对抗，是父母要有的适应力。

我们看待问题的方式，决定了最终的处理方式。如果我们看到的是一个任性的孩子，那么，就只会关注如何纠正那些我们不喜欢的行为。相反，如果我们看见和意识到孩子只是因为冲动才这样，那么，我们就会去尝试改变引发孩子冲动的情况。如果我们看到的只是孩子在发脾气或攻击别人，那么，就很可能关注攻击本身。而从另一方面讲，如果我们意识到，这缘于孩子无法处理自己的沮丧情绪，那么，我们就会去努力改变让他感到受挫的环境。类似的还有，面对一个不肯睡觉的孩子，如果明白孩子对于分离或者黑暗的恐惧，那么，我们可能会想办法让睡觉这件事变得不恐怖。面对一个不听父母话的孩子，如果能意识到孩子的反抗是因为有压力，那么，我们可能就会不给孩子太多的压力。面对一个拒绝和成年人交流的孩子，如果明白孩子是因为害羞，那么，我们就会想办法让他放松。面对撒谎的孩子，如果知道孩子隐瞒真相是因为他太没有安全感了，那么，我们就会努力帮他重建起足够的安全感。

正如弗里德里希·尼采所写："谁愿意背离现实隐瞒真相？遭受现实折磨的人。"

在所有类似情况中，父母只有敏锐洞察和看见之后，才能做出有效干预。当孩子的行为受周围环境影响，或者不受自己控制时，我们就必须把注意力从孩子的行为转移到引发行为的因素上。

对此，肯定有人存在疑虑：如果我们一直为了孩子而改变周围环境，我们会不会限制了孩子适应世界的能力？会不会促使他们对我们产生出一种不健康的依恋？这并不是杞人忧天，的确会存在这些问题。在做咨询的过程中，我遇到很多敏感的父母，他们把上面的方法用得太过了，根本意识不到自己妨碍了孩子适应能力的发展。所以，父母决不能只用这一种管教方法，同时还要搭配别的方法，比如鼓励孩子对改变不了的事情产生无力感。如果我们能够鼓励孩子做出积极的改变，那么，就不用尝试去改变他的世界。

做计划和形成惯例，都可以有效地改变孩子所处的环境。对实在不愿意接受其他管教方式的孩子，我们可以通过精心的计划，来为孩子创造一个可控的环境，添加一些必要的规矩和惯例。吃饭睡觉、分离团聚、清理卫生和收拾东西、家庭交流和亲近、实践和写作业、自创的新游戏甚至独处，这些都需要经过精心的设计。好的计划，根本不会让孩子注意到安排的迹象，反而会把父母指使和强迫孩子的次数降到最少。好的计划，不光是约束，还有创造。比如，挑一个固定的时间和地点为孩子读书，这是一个非常重要的习惯，目的是为了给孩子和父母创造一对一亲近的机会，同时，也能让孩子受到文学的熏陶。

越不成熟的孩子，越需要父母制订计划。计划可以给不成熟的孩子提供他们渴望的熟悉感。过去父母可能没有这样管教过孩子，这或许是因为过去没有同伴导向会引诱这么多孩子走出家庭。而现在，父母别无选择，只能采用这样一种能够帮助维系亲子关系并推动孩子成熟的管教方式。管教的最终解决方案不是一蹴而就的，但是只要父母有耐心，就能收到理想的回报。

如何在数字时代守护我们的孩子
Hold on to Your Kids

第四部分

第17章
扭曲了的数字革命

身为父母，应该看见：

· 教养的核心不是各种技能或者做法，而是依恋关系。

· 我们追求的是联系，自己在世界中的关系状态，而不是关于世界的真实消息。

据报道，截至 2010 年，73% 的青少年至少在使用一种社交软件；截至 2012 年，全球 Facebook 注册用户已经达到 10 亿。2011 年美国杂志《儿科学》写道："在过去 5 年，使用社交网站的儿童和青少年数量急剧增长。最新民测显示，20% 的中学低学段孩子，每天登录社交软件的次数超过 10 次，50% 以上的中学高学段孩子，每天登录社交软件的次数超过 1 次。而且，75% 的中学低学段孩子都有手机，其中 25% 的人用来登录社交软件，54%用来发短信，24%用来发送即时消息。"这一代孩子大部分的社交和情感发展，都是在网上和手机上完成的。我和加博尔经常遇到一些父母，他们担心孩子受到网络影响，想知道怎样控制孩子玩电脑、游戏和其他电子设备，又不知道什么时候该让孩子接触这些。和一般的家庭教育问题一样，解决这类问题的关键，不是列出具体的做法和建议。教养的核心不是各种技能或者做法，而是依恋关系。依恋对解释数字革命的影响非常关键。

我们需要的是关系，而不是消息

数字设备最开始出现的时候，是为了管理信息，用于商务、教育或者娱乐。因此，互联网应运而生，以便人们迅速有效地传输复杂数据。但是，人类推动数字革命的理念，存在着一个基本缺陷。人类的核心追求，其实不是信息，甚至也不是娱乐。事实上，在大脑的重视等级中，信息的排名很低，信息往往更容易让大脑走神。大脑会过滤掉最具感官性和最具认知性的数据，以防自己忽略掉重要内容。

人类最基本、最主要的需求，是亲密关系。我们追求的是联系，自己在世界中的关系状态，而不是关于世界的真实消息。只有看见这一点，我们才能厘清教养的重点。我们关心的是，是否有人重视、喜欢我们，是否有人需要我们、理解我们，以及我们对他们而言，是否是重要的。我们展现自己，是为了让他们更能接纳我们。

数字信息技术，似乎可以为我们找到这些答案。我们可以在网络上接受几十甚至几百个和我们并不亲密但喜欢我们的"朋友"的点赞或评论，让我们暂时感受到那种渴望已久的受欢迎感。这个虚拟世界的情景，就像现代世界的海妖，可以带我们去想去的地方，我们不用冒什么风险，也不知道前方等待我们的是什么。但是，这个虚拟世界只能暂时能弥补我们在依恋关系中的空虚，却永远解决不了核心问题，甚至会让情况变得更糟。在现实关系中越空虚的人，越容易对数字世界上瘾。

社交网站和数字设备本身，就决定了其联系的本质。凭借网络建立起来的，都是浅层关系，社交软件很难打开双方的心扉，很难通过打字来表达自己对对方的喜爱或者欣赏，很难传达面对面交流的那种温暖和热情。网络中，人们也从不在乎彼此的真实想法，强调的反而是肤浅的同一性，人们彼此都喜欢同样的事物或者同样的人，而不是真实。通过这些方式交流的人，会掩饰自我，不会让对方充分地了解自己。追求在联系人心中的重要性，在网络上，变成了给对方留下一个好印象。因此，网络最能诱惑和满足的，是那些怀有肤浅依恋情感的人，包括不成熟的人、未充分发展自我的人和在关系中空虚的人。麻省理工学院心理学家雪莉·特克尔在《群体性孤独》一书中，采访了几百名年轻人，受访者告诉雪莉，手机和笔记本电脑是他们生活中的希望之地，是他们的"家"。

这就是问题的根源所在，数字时代的亲密不是真正接触。

这种亲密本质上不成熟，它就像一块缺乏营养的饼干，不仅无法提供给人重要的养分，如果吃多了，还会影响人的食欲。

如果孩子坚持这种空洞的联系，那么，他的欲望就会越来越强烈，他的执念也会越来越深，越来越难以释怀。就好像吃没有营养的食物，只会让我们吃得更多，网络社交也是同样的道理。依恋需求永远不会消失，追求或者亲近也永远不会消失。靠网络联系在一起的青少年，永远也满足不了自己的依恋饥饿，久而久之就会成瘾。研究表明，网瘾人群大脑的生化变化和白质变化，与依赖药物和酒精的人的变化非常相似。

依恋的唯一目的，就是释放自我，让自己能够从迫切的依恋需求中解放出来。这是成长真正的栖息之地。人在这里休整不好的话，个人的发展也会受阻。如果依恋活动不能给孩子带来真正的满足感，那么也无法促使孩子成熟，孩子会变得极度焦虑、脆弱。要想让孩子变得成熟，孩子需要能够感知脆弱，而要想感知脆弱，首先要有安全感，而不是持续地填补空洞感。

数字时代父母最应该看见的教养真相，依然是孩子需要依恋关系，比以往任何时候都需要。

孩子为什么会有空洞感

1. 数字设备的联系，不属于正常联系

有项研究，对比了青春期女孩用不同的方式和妈妈聊天所带来的心理影响。在一场压力特别大的考试之后，这些女孩分

别用语音或者短信联系自己的妈妈,结果证明,通过语音聊天之后的女孩,压力荷尔蒙水平得到降低,并同时产生了具有舒缓作用的调节荷尔蒙。

为什么联系方式的不同,会造成不同的效果?这和我们的需求有关。不管在任何时候,特别是在人失败或者缺乏信心的时候,我们都需要得到对方愿意和我们在一起的信息,这种信息会发挥非常重要的作用。而这种信息通过语言,只能传递很少的一部分,甚至远远不够,尤其是在典型的短信交流中。我们通常需要从对方声音中的热情和眼中的笑意,来感受这种认同和被看见。一旦找到了想要的东西,我们就可以心满意足地回头面对自己的世界,因为我们知道自己无论发生了什么,都一定会有人张开怀抱欢迎我们。警报消除后,肾上腺素和皮质醇就会减少,我们的依恋脑区就会有安全感。

完全靠数字设备实现的联系,不能产生正常联系所带来的那种让人满足的温暖,所以也就不能传递亲密感。虽然有些形式的交流(比如视频聊天)也能帮助我们维系健康的依恋关系,然而,总的来说,数字设备间的联系,无法替代真正的依恋关系。

2. 社交防御心理不受保护

只有真正感受到对方真诚的邀请和被看见,我们才会感到满足。情感上的满足,是感知脆弱的必要条件。如果我们想保护自己不受伤害,那么同时也会失去了感知满足感的能力。

渴望被了解、被理解、被看见时，我们就非常容易受伤，因此，我们更会竭尽全力确保关系的稳定。在日常交流中，我们会在看到对方的鼓励眼神、微笑和点头之后，再进行下一步的对话。这种互动，会吸引对方的依恋本能，可以极大增加成功的可能性，让对方愿意善待我们、照顾我们、帮助我们、认同我们、支持我们、为我们保守秘密、想为我们变好。没有这种铺垫就进行下一步，等于自讨苦吃，会遭遇无礼的对待、刻薄的言语，甚至是伤害羞辱和各种意义上的欺凌。

而这也是数字时代的常态，数字时代的亲密没有"暖场"，它是一种虚假的亲密。互动前，没有依恋作为铺垫，人们是不会试探自己是否可以进行下一步的。发短信和邮件都难免出现这种情况，更不用说社交软件上随时跳出的消息了。

如果这种互动是在匿名情况下进行的，那么，依恋的黑暗一面就更不会受到任何限制了。大部分孩子不是一开始就善待他人的，除非他们太没有安全感，不敢做不好的事。他们一般都是在依恋关系中才会变好。而网络，是一个极度缺乏依恋环境或者人类交流规则的地方。孩子如何适应这种环境？他们的大脑会用情感封闭或者疏远的防御机制，来保护自己远离易受伤的环境。但这种做法是有代价的：情感封闭或者疏远别人的同时，自己的需求也是无法满足的。孩子的大脑无法既保护他们不受伤害，又保留他们感知满足感的能力。而最终的结果就是，联系再多，也无法满足孩子的依恋需求。这种联系没有终点，也不会出现逆转，更不会让孩子真正地展现自我。

同伴导向的孩子已经被社交软件所俘虏，被永不满足的依恋需求所囚禁。他们追求的越多，得到的就越少。这种对脆弱的防御机制，可能让他们遭遇更多的欺凌，出现游戏上瘾，或者迷恋浏览色情网站。

3. 展现自我，只适合一对一的交流

社交软件上有很多展现自我的功能，本意是让自己在意的那个人能喜欢上真实的自己。但事实上，只有别人要求我们展现自我的时候，展现才能达到最佳效果。当我们在网络上将信息同时发送给很多人后，并不一定会收到多少回复，这样就失去了展现自我的功能。这种低效率的交流，并不能真正实现心理上的亲密。

只有在非常私密的关系中，我们才可能有被人了解和被看见的感觉。在书里、演讲中或者网上展现自我，是不会让我们产生这种感觉的。即使人们在社交网络上看到了我们的自我展示后，也不会觉得这样的信息有什么特别之处。对待和我们有心理亲密感的对象，就应该像性伴侣一样，让对方能感觉到自己的特殊性，感觉到我们的信息是专门发给他的。不管对接收者还是展现者来讲，只有在一对一的情况下，展现自我才有意义。除此以外的其他任何方式，都会让我们的互动效果贬值。脱离了亲密的私人关系后，对方就接收不到我们发出信息的真正意图了。

也正是这个原因，很多珍惜亲密感的人，不会在社交软件

上展现自我。"真正了解一个人"和"知道一个人",这两者有着天壤之别。了解一个人,必须包括两个条件:他愿意展现自我;他的展现,针对的是自己在意的那个人。

4. 真正自我的蒸发

对大部分孩子和青少年来讲,社交软件关乎他们的自我形象管理,他们希望给同伴留下深刻的印象,以提高自己在他们心中的地位。

《纽约时报》作者托尼·杜古彼尔引用了雪莉·特克尔的话,把这种结果称为"真正自我的蒸发"。一位青少年向特克尔医生说道:"我在高中学到的是自我简介、自我简介、自我简介,以及怎样塑造自己。"

当然,每个人都想被别人喜欢。但是,我们越是想影响别人的判断,最终结果就会越让人不满意。如果得到了别人的好评,那只是因为别人喜欢我们的行为,或者我们给他们留下的印象,而不是喜欢真正的我们。所以,我们会越来越没有安全感,越来越执着于管理自己的形象。这是一个恶性循环。

最痴迷上网的青少年,往往也最容易遭受情感问题的折磨。加利福尼亚州立大学心理学教授拉里·罗森博士通过研究发现:"上网、发即时消息、发邮件、聊天和青少年抑郁有着密切的联系","电子游戏和抑郁,也存在很大的关联性"。只要我们能给孩子一个天真的世界,他们就一直可以保持天真。而复杂的社会则会孕育出"冷漠病",让孩子假装不经意地展现自己，这会让孩子一直得不到成熟所需要的情感养分。

5. 除非供大于求，否则就不会满足

有一种依恋关系，称为呵护型关系。这种关系的特点是供大于求，可以满足不平等，不求回报，不主动要求。网络社交本质上是不具备这些要素的，尤其是同伴导向的孩子。除非对方给我们的拥抱更温暖，流露的爱比"我爱你"还多，再三地让我们放心，否则双方之间的交流就都是不完整的、无效的。

6. 数字设备破坏了孩子对真正需求的渴望

数字社交破坏了孩子追求正当联系的渴望，因此，它的空洞感也会变得越来越强烈。它让孩子迷恋社交软件，让健康的联系无法发挥作用，也会影响到孩子的良好交流需求。不断用电去刺激老鼠的大脑奖励回路，老鼠就会饿死，因为电击带来的满足感，会阻止它们寻找食物。同样，不断用数字技术刺激孩子的大脑，也会让孩子忘记去追寻真正的精神养料。

电子游戏、色情网站和社交软件，会直接刺激大脑的依恋—奖励中枢，导致孩子没兴趣追求能够带来真正满足感的交流。即便在社交软件上展现自我，也会刺激上述脑回路，影响孩子去追求真正能呵护和满足自己需求的交流。

约翰·卡乔波是世界公认的孤独症专家，他于2008年出版了《孤独》一书，在书中，他通过实验对比了不同接触形式在减少孤独感方面的效果。实验结果非常清晰：网上交流最多

的人，最容易感到孤独，而面对面交流最多的人，最不容易感到孤独。

雪莉·特克尔在《群体性孤独》一书中，描述了网络社交的空洞感。她还指出了问题所在："我们现在的关系的问题是没有安全感，我们为亲密而感到焦虑，于是希望通过科技，来让自己既能和别人保持关系，又能保护自己不受伤害。"她还说："但是，我们通过网络建立的关系，最终不会变成真正的联系，但却会占据我们的精力。"

非真正的亲密，成了驱使我们的力量。很多人每天醒来后，都先会登录社交软件几分钟，大部分人甚至都还没起床就开始看手机，这说明人们心中的紧迫感一直存在，从未减轻。从某种程度上来看，数字设备比香烟或者酒精更能让人上瘾，但数字设备无法把我们从对亲近的不懈追求中解放出来。

数字时代的依恋现象：游戏、网络欺凌和色情内容

电子游戏似乎是一种无害的追求，但正是因为它能够提供一种虚假的满足感，才特别容易让人上瘾。

当我们在真正关心我们的人那里，得到重要性和大权在握的感觉时，这些感觉都是健康依恋的结果。然而，当这些需求得不到满足的时候，我们就会通过幻想和假装来自我弥补。和创造性幻想不同的是，游戏可以让玩家高度沉浸在即时奖励中。虚拟现实可以让人成为"命运的主宰者"和"赢家"，可以让人释放压抑已久的攻击冲动,这都是依恋需求得不到满足的后果。

欺凌也是一种畸形的依恋。我们的阿尔法本能——渴望成为关系的主导者——本应鼓励承担责任,让主导者得以照顾较弱的那一方。然而,如果这个人本身就对照顾和责任有所防备,那么他就会反过来剥削和攻击弱方。我把这种反常行为称为"阿尔法扭曲"。阿尔法扭曲的人不会掩藏秘密,不会呵护弱小,相反,他们只会暴露秘密,羞辱对方,还会通过压制对方来获得主导权。这就是现在很多孩子的状况,尤其是在互联网中,因为匿名制度保护了潜在的欺凌者,这种情况愈演愈烈。

大部分孩子的依恋动机都是追求亲近,但如果依恋关系本身有问题,那么孩子的性欲也会出现相应的问题。理想状态下,性爱应该是我们对伴侣单独、安全的亲密邀请所做出的回应,否则,我们受伤的可能性就会非常大。当依恋变成性早熟的时候,依恋需求就可能演变为性接触,哪怕是幻想中的。

孩子会在网络这个虚拟游乐场中暴露自我,我们可以从中发现网络欺凌和未成年人的性行为问题。这些孩子不会渴望亲密,而是更容易幻想自己压制对方。尤其对于欺凌者来讲,攻击弱者的机会实在难以抗拒。在这种情况下,孩子很容易把占有欲和性联系在一起,或者容易被对方占有,但彼此不会建立深厚的情感联系。这样,就给了网络欺凌和色情内容滋生的机会。当然,即便没有数字技术,人们也可以实现这一目的,但互联网的即时和匿名特点，的确让这种现象变得更加严重了。

网络世界把孩子抢走后，我们就再也不能保护他们不受伤害了。

让孩子远离网络世界的伤害，最根本的方法就是看见孩子对依恋的基础需求，然后满足他的这一需求。

第18章
拉回迷失在数字时代的孩子

身为父母,应该看见:

- 处理潜在危害的诀窍,不在于禁止,而在于把握好时机。
- 父母最大的责任,是充当孩子和社会之间的缓冲器。
- 孩子和父母的关系越亲密,就越能在分离状态下"抓紧"父母。

数字设备本质上有什么坏处吗?应该阻止孩子接触吗?当然不用,而且就是想阻止也根本阻止不了。数字设备本质上没有什么坏处,关键是怎样用,尤其在孩子手里的时候。什么时候让孩子接触、什么时候不让孩子接触,这才是父母应该考虑的问题。

对数字设备的控制,就跟控制孩子接触性、酒精和甜食一样。性是好事，但对孩子不是。性不是随便玩玩的东西，尤其对孩子来讲。我们需要控制他们的性行为，直至他们的个人发展程度到了可以接受性所带来的责任与后果的时候。

酒在某种程度上是社交润滑剂，是仪式和宴会不可或缺的部分，但不适合孩子。酒会麻痹人的警觉，让我们无法规避危险。虽然到处可以买到酒，但是父母要努力控制孩子接触酒，直到他们自己可以控制饮酒时再放手。

孩子的世界充满了糖果、曲奇和甜点的诱惑。大部分情况下，我们虽然不会禁止孩子去吃，但会控制吃的时间。甜点要在饭后吃，这条规则至少要坚持到孩子长大成熟，有了自己的健康观，可以控制不良冲动以后。换句话说，只有孩子已经摄取了足够的营养物质，我们才可以让他吃曲奇。而营养摄取够了之后，孩子也就不想吃曲奇了，不容易受到垃圾食品的伤害。

因此，"时机"始终是孩子健康发展的关键问题。处理潜在危害的诀窍，不在于禁止，而在于把握好时机。一味禁止是徒劳的，完全禁止只会刺激孩子产生强烈的逆反心理。

对于性而言，正确的时机一定是在双方关系得到充分发展的时候，是在双方已经形成了情感和心理亲密且专一的关系的时候，是在双方已经做出、并且会继续遵守承诺的时候。过早的性接触，就像饭前吃曲奇一样，都会影响孩子的真正渴望：深刻、忠诚的爱。

对于酒精来讲，正确的时机是无须通过酒精的麻痹作用来面对恐惧的时候，是在自己能够保证不酗酒的时候。酒精有让人放松的效果，这让很多人习惯滥用酒精，但除了那些已经接受现实千疮百孔的人，酒精是不会真正让人放松的，只会产生更大的诱惑。过早喝酒，会影响孩子对接受现实的渴望。

我们在处理类似的问题时，必须遵循两条关键原则：孩子的所有需求已经被满足了；孩子可以自行做出成熟的决定。回到网络这个话题，我们要在自己还能管教的时候，控制孩子接触数字设备的时机。我们需要尽可能充当数字世界的缓冲器，给孩子更多的空间和时间去满足自己真正的交流需求，让孩子自行做出成熟的决定。我们需要让事情慢下来，想办法推迟它们的进度。

卢梭曾说过，父母最大的责任，是充当孩子和社会之间的缓冲器。然而，很多父母自己已经失去了缓冲作用，反而把自己变成孩子的媒介。我们担心孩子上网的时间不够，害怕孩子会被同龄人落下。我们给孩子带来更多的诱惑时，却没有做好控制的准备。这就相当于我们没有定下任何规则，就在柜台摆满曲奇饼干，桌子上摆满酒，不限制孩子的性行为，结果可想而知。

在诱惑面前，就连成年人都很少能够做到自律，又如何要求孩子自己做到呢？作为孩子的引导者，父母应该担起这个责任。我们要尽力去满足孩子的真正需求，帮孩子把握接触数字设备的时机。

数字时代的社交时机

一旦孩子摄取了足够的营养物质后，甜点就成了一种可有可无的餐后甜品。这时，我们就可以放松对孩子的管控了。对待依恋饥饿，也是同样的道理。我们最不应该做的，就是让孩子饿着肚子离开，这样只会让孩子走向同伴，然后这些不成熟的小家伙，就会为了和同伴保持联系，而频繁使用数字设备。

所以，我们要尽力满足孩子在成人关系中的依恋渴望。我们要多和孩子进行眼神交流，引导他们微笑，无条件爱他们，让孩子感受到安全感和亲密感，这样孩子才不会再去别处满足依恋需求。对网络社交免疫的最好方法，就是在现实生活中让孩子感觉特别满足。

孩子和父母的关系越亲密，就越能在分离状态下"抓紧"父母。只要孩子能在情感上"抓紧"父母，他们就不会想到网络社交。孩子喜欢我们、信赖我们、感受到我们的支持、从心里依恋我们、觉得我们了解他，这样即使在分离的状态下，孩子也依然能和我们保持亲近。但是，这些依恋方法需要时间及合适的环境才能发挥作用，我们必须耐心等待。一旦孩子在分离状态下也能亲近我们，我们就没什么可担心的了。

孩子和朋友的相处也是这样。孩子一旦具备了较强的交际能力，他们也往往会选择和自己亲近能力差不多的朋友。比如，想被别人了解的孩子，往往会选择愿意亲近别人的朋友。

建立了亲密依恋关系的孩子，即便在分别的情况下也能彼此保持亲近，有了这样的关系，网络对他们就没有那么大的吸引力，也不那么容易让人上瘾了。

布法罗大学和佐治亚大学共同发起的一项研究指出，一个人亲近他人的能力，和其数字设备的使用频率成反比。双方的情感联系越深，就越少使用数字设备聊天。数字联系的时机，更多的是指在孩子已经充分成熟、可以坚守自我的时候。孩子越成熟，就越不容易对数字设备产生渴望。因此，避免痴迷网络社交的最好方法，就是培养健康的依恋关系，看见和满足孩子的依恋需求，帮助孩子成熟，成为独立的个体。孩子越独立，情感上就越自主，越不需要通过数字设备与人联系。

我说过很多次，独立没有捷径，人必须在成长过程中获得人格。敢做自己、并在同伴身边也能坚持自我的青少年，是不需要网络社交的。孩子越不需要网络社交，就越不容易受到它的伤害。但要想让青少年做到这一点，我们要先抓紧他们，要培养孩子独立，我们必须先鼓励孩子依赖。

为孩子清除数字时代的诱惑

除了尽力满足孩子的依恋需求之外，我们能做的，就是努力为孩子清除诱惑。我们可以控制孩子使用数字设备，制订相应的计划和规则。

在这方面，我们不能只限制孩子，而不去满足他们真正的需求。要想保证孩子有时间享受良好的关系，就需要在家里和计划表里都创造一些"无数字带"。吃饭时间、家庭活动时间、睡前时间都是禁止使用数字设备的重要时段，这样做既是为了让孩子享受他们真正需要的亲子关系，也是为了减轻他们对网络社交的痴迷程度。

对年龄大点的孩子而言，我们一定要让他们理解我们的想法，从而尊重我们制订的这些规则。鉴于互联网的本质，以及大部分孩子上网的频繁程度，父母做这些事的确需要孩子的配合。只有在亲子关系状态最佳、我们对孩子的影响力也最大的时候，才能赢得孩子的支持。孩子对网络社交的痴迷，实际上是在提醒我们孩子已经失控了，这时候，孩子需要我们的帮助，而不应是我们一味地恐慌。

在孩子失控的时候强迫他们做事，只会让问题变得更加严重，进一步加剧孩子的逆反心理和沮丧情绪。毕竟，我们不可能控制没有自控力的孩子。要解决这个问题，我们必须重建亲子关系，来取代数字设备，尽可能间接限制孩子使用数字设备，让他们去做一些与网络社交无关的事情。这些方法是为了赢得时间，让我们可以开始和孩子重新建立起联系。只有满足了孩子的依恋饥饿，他们对网络社交的渴望才会消失。

面对孩子对数字设备的成瘾，我们一定不能揪着孩子的具体行为不放，而是要追根溯源，找到问题的根本。和之前说的一样，我们首先要处理的是关系问题。有了关系，才能想出正确的策略和方法。

先玩满足依恋，再玩电子游戏

有人会说，电子游戏也可以提升孩子某些认知，比如运动技能。但现在并没有证据能证明，只有电子游戏才能带来这些提升，或者是孩子的自然发展过程无法提供这些提升。更重要的是，也没有绝对的证据能证明电子游戏可以增强脑力，或者促进大脑和心理的成熟。而相对应的是，几乎每月都有新证据表明，这些电子游戏设备会对孩子的生物钟、视力、身体发育等方面带来不良影响。

电子游戏，代表着一种依恋活动。参与游戏奖励的脑部中枢，也正是引导孩子和别人建立关系的中枢。电子游戏自然就和父母产生了一种竞争关系。孩子玩游戏时，就没空亲近自己的家人，更糟糕的是，游戏本身还会破坏孩子对亲子关系的渴望。

当然，游戏并非是百无一用，一直以来，游戏都对社会发展都有着非常大的影响。但只有一些特定类型的游戏，才是有积极意义的：那些能够锻炼身体的游戏，能够提升生活技能的游戏，能够联系代际感情的游戏，能够促进交流合作的游戏。而很难说电子游戏也有这些积极的意义。

游戏的一个重要作用，是提升孩子对失去、失败的适应能力。生活充满了挫折，而游戏则可以让孩子提前适应这些。不管是输掉纸牌游戏、单词游戏、足球比赛还是保龄球比赛，都能帮助孩子为未来将会遭遇的失败，做好心理准备。

为了训练自己具备应对失去和失败的能力，就必须经历和接受失败带来的悲伤，以及想改变现实的徒劳感。而现在的电子游戏，是无法让孩子长时间地体验徒劳感，也不能促进孩子培养必要的适应力和复原力。相反，在电子游戏中，孩子可以进行到下一轮，升到下一级，接受下一个挑战。这种类型的游戏只是一种娱乐活动，根本无法帮助孩子提高适应能力。电子游戏中，没有不能克服的失去，没有不能重来的失败，因此，也就没有学习和适应的过程。

有的父母可能会问："电子游戏不就是游戏吗？不是说需要玩游戏吗？"孩子当然需要玩游戏，越来越多的研究证据证明，玩游戏对孩子的健康发展起着重要作用。不仅所有的孩子都想玩游戏，而且还非常需要玩游戏。发展学家认为，玩游戏是大脑发育的主要动力，有利于促进孩子更快地成熟起来。

而这也正是问题所在。电子游戏，虽然名字叫游戏，玩也是真的在玩，但却不符合我们对游戏的定义。真正的游戏，是不以结果为导向的。在真正的游戏中，乐趣在于活动本身，而不是结果。虽然有些电子游戏符合这些条件，但绝大多数并不符合。这些电子游戏，代替了本该出现在孩子生活中的游戏。从发展的角度来看，最重要的游戏就是自发性游戏，让孩子可以表现出真实的、有创造力的、有好奇心的和自信的自我。但这种游戏，只有在那些让孩子感觉到满足的依恋活动中才会出现。孩子需要大量的自发性游戏，需要大量能让他感到满足的依恋活动。

考虑到电子游戏的负面影响，所以玩这种游戏的最佳时机，应该在孩子刚玩过让他有满足感的游戏之后。但父母要记住一点，那就是电子游戏永远也不能挑起游戏的大梁，否则孩子就会遇到麻烦。

很多孩子在学会独处或学会接受现实之前，就迷上了电子游戏。在电影和数字革命出现以前，孩子偶尔想逃避现实的时候，靠想象就可以了，这时大脑可以轻易地区分开现实和想象。然而，数字革命让这个界限变得模糊了，现在所有东西都可以做得无比逼真。孩子似乎没有必要返回现实了，反而只需点击一下鼠标，就能逃避现实。在孩子成熟到愿意做自己之前，在他准备好接受现实之前，我们最好不要满足他们玩电子游戏的要求。孩子生活的主阵地必须是现实，逃离现实的徒劳感，也必须是孩子要吸取的教训。孩子还必须要为个人无法改变现实的努力而伤心，因为一旦孩子感知到了徒劳，偶尔的逃避现实就会变得充满乐趣，变得无伤大雅。

有些父母可能还会问："如果我们不让孩子像其他孩子那样玩电子游戏或者上网，他们被同伴取笑或者排斥，怎么办？"的确，这种遭遇对孩子来讲可能会非常难受。不过，再强调一遍，世界上还有比被不成熟的同伴嘲笑更糟糕的事情。依恋父母的孩子，不会被这些嘲笑伤害，因为他的安全感不取决于同伴的看法。为了孩子健康发展的长期目标，必须要战胜同伴嘲笑的短暂痛苦。

先做孩子，再认清世界

数字时代有个悖论，让人感到深深的不安。即便在数字革命之前，人类——当然大部分是孩子——是处理不了自己接触到的所有信息的。人类遇到的问题不是没有足够的信息，而是接触到的信息远远超过了自己所能利用的量。盲目而不加控制地拓宽孩子的信息渠道，最终只会适得其反，让孩子变得更加抗拒管教。

我认为，现在孩子普遍出现的注意力不集中问题，和他们受到的信息轰炸不无关联。人在还不成熟的时候，其注意力机制是无法处理过量信息的。过量的信息会导致人的注意力、记忆力、信息检索能力出现问题。如果注意力系统一直在处理源源不断的过量信息，那么它就无法充分发育。研究表明，人们需要停工期，需要远离信息刺激，才可以让大脑整合接收到的信息。如果人连续不断地暴露在充斥信息的环境中，会极大削弱我们吸收信息的能力。

吸收的东西，一定不能超过我们的消化能力。这是婴儿进食必须遵循的一个重要原则。随着婴儿消化能力增强，父母才可以慢慢放松进食控制。过量饮食，吃的东西超过自己消化能力的时候，人会感觉非常难受。摄取信息也是同样的道理，如果孩子超出自己的吸收能力，接收了过量的信息，他们的注意力机制就会承受非常大的压力，以至于无法健康发展。当接收的信息超出了承受范围时，大部分人就会面临注意力下降的问题。最近，我发现自己特别渴望能有一种信息不过量的状态。让人感觉讽刺的是，我们不能处理或者利用信息的时候，不是因为我们接触的信息不够，而是接触的信息太多了。

要想从接收的信息中获益，必须提前做好准备。现在是属于成年人的信息时代，但不一定是属于孩子们的信息时代。童年是个人发展的重要阶段，如果在信息输入上太急于求成，将会付出惨重的代价。孩子的主要任务应该是做孩子，而不是认清世界。孩子本该最先孕育出自发意识，而过量接受信息，会阻碍这种意识的出现。对孩子发展最重要的，首先是好奇心，这会让孩子愿意学习和接受事物，然后，才是获取信息。

孩子缺乏创新意识最明显的特征，就是感觉无聊。"无聊"这个词意味着空缺，孩子缺乏自发意识的时候——缺乏兴趣、好奇心、主动性和志向——就会把这种空缺当成无聊。讽刺的是，大部分人觉得解决无聊的方法是加强刺激，而这样做其实只会加剧潜在的问题。在这个前所未有的信息和娱乐时代，很多迹象都表明，孩子正在被越来越强烈的无聊所侵蚀。**孩子感到无聊，证明孩子缺乏看清世界所需要的满足感。**

只有当孩子充分意识到自己的想法、思想和存在意义的时候，才是他们看清世界的最佳时机。这种方式正遵循了事物发展的自然规律：先输出，再输入。

父母是孩子和世界的缓冲器，而不是媒介

信息时代有一项因素最不利于父母教养和童年发展，那就是给孩子传递信息的，不再只是家长。真正重要的不是信息的内容，而是信息传递的环境、时机和框架。

在问题还没有出现之前，如果就把答案告诉孩子，很难让孩子感受到信息的强大力量。在孩子还没有相关意识之前，就告诉他爸爸妈妈或者他自己都会死去，这永远都是一件特别残忍的事。信息一直是教养孩子的主要工具。我们告诉孩子他们需要知道的信息，只满足他们的实际需求，只在他们需要知道以及我们觉得他们能够处理好的时候才告诉他们。我们的教养和教学工作，有很大一部分都涉及保守秘密，直到我们觉得让孩子知道比不让他们知道好的时候，才会告诉他们。决定让孩子知道什么、什么时候知道、怎样知道，这些一直以来都是父母和老师的特权。但现在，信息时代的出现改变了这一切。孩子获取信息的环境、内容和时机已经不在我们的可控范围内了。如果我们为了孩子好，稍微隐藏了一下真相，他们几分钟之内就能证明我们错了。

我们作为信息提供者，负责在孩子需要的时候，给他们提供信息。但孩子往往比我们知道的还多，搜索信息的能力比我们还快，因此，他们不再把我们当成信息来源了。这会极大威胁我们在他们生命中的航标地位。如果孩子不把我们当成航

标，那么他们也不会基于我们的引导来给自己确定方向、培养价值观、明辨是非。如果我们不再是孩子的航标，孩子的健康发展会受到威胁。正如尼尔·波兹曼所认为的，当成年人对孩子没有秘密可言的时候，孩子的童年就会受到威胁。

波兹曼还补充道："如果父母想保护孩子的童年，就必须把教养看成是对文化的背叛。"还是那句话，父母必须是孩子和社会之间的缓冲器，而不是媒介。我们在孩子接触信息方面缓冲的时间越长，效果就会越好。即便我们没成功，也比什么都不做要好得多。

我们可能无法和搜索引擎在传递信息方面竞争，但庆幸的是，我们也不需要竞争。孩子最需要了解的不是世界，而是他们自己。他们需要从我们的眼中、我们的声音中、我们的肢体表达中，感受到自己的价值和重要性。而搜索引擎是做不到这一点的。孩子最需要的也是互联网无法给予的，是我们喜爱和孩子相处的信息。这也是我们为什么必须要抓紧孩子的原因。

同伴导向的孩子，会去同伴那里寻找信息，而现在，他们可以通过发短信或者通过数字设备更快地实现这一目的。我坚信，我们作为信息提供者，能承受住这种冲击。如果我们在提供答案方面没有竞争力，那我们就必须让自己成为孩子的答案。虽然孩子获取信息的渠道宽广而及时，但有些信息，只能从我们这里得到。

虽然我们正在失去信息提供者的角色，但是我们可以通过其他方式来弥补。过去，我们是孩子的主要信息来源。现在，我们需要找到其他可以吸引孩子依赖我们的领域。很多人都有能够让孩子受益的技能和爱好。"阿尔法依赖"的部分内容，就是向孩子传递这些技能，比如骑自行车、放风筝、做木工、手工编织、游泳、投球。但很多父母都把传授这些技能的工作交给了其他人，把孩子送到社区中心、野营和夏令营去学习这些技能。我们本应牢牢抓住这些机会，向孩子发出依恋邀请。比教授具体技能更重要的，是教授过程中因为互动所产生的联系。我们已经不是孩子自然的信息提供者了，也无法对孩子保守秘密，所以千万不能再丧失这些建立联系的机会。

夺回"迷途的"孩子

在吸引孩子注意力上，很多人在和数字设备以及互联网竞争的时候，会感到非常绝望。通常来讲，这对同伴导向的孩子的父母会是一个非常严重、几乎无法战胜的挑战。

事实上，除了硬着头皮向前走，我们别无选择。我们必须面对这个核心问题，也必须有耐心并且自信地去面对。就像我们之前讲的那样，我们需要率先一步夺回我们的孩子，以保护他们。如果孩子的世界里已经全是同伴了，那么短信就会是他们的关注点，社交软件就会是他们的家，这时再解决这些问题可能就太晚了，但阻断这些问题背后的同伴导向，却永远都不晚。这实际上还是关系问题，这方面取得的任何进展，都会削弱孩子社交联系的动力。记住，如果没有同伴导向，孩子就不会沉迷数字设备，所以，我们首先必须解决同伴导向的问题。

如果孩子表现得特别痴迷某事，或者做事遮遮掩掩，那必须要先暂停对他的控制。这类迹象表明娱乐、电子游戏或者社交软件在孩子的生活中发挥着本不该有的作用。这样的孩子需要我们的帮助，而不是过多的施压和干扰。我们不能控制一个已经上瘾的孩子，这是个不能完成的挑战。

脱离了亲子关系，我们就无法处理数字设备对孩子造成的威胁。没有教养权威，任何控制、禁止或者剥夺的尝试都是徒劳的。我们要意识到和承认，这类强迫措施是徒劳的，哪怕我们很难控制自己那么做。我们别无他选，只能耐心等待。

马歇尔·麦克卢汉建议，人们应该理解技术创新带来的社会变革，而不是只理解创新的内容。每当出现一项新技术的时候，实际上，也是在从根本上改变人类。每一次技术革命，都会带来相应的牺牲。数字设备扩大了孩子之间的交流范围，但却牺牲了他们和我们之间的重要联系。可以说，技术虽然扩大了交流的范围，却破坏了交流的根基。

孩子和社会的联系，几乎无处不在，相当多的高中生和大学生喜欢用手机上的社交软件进行交流，这是把他们凝聚在一起的强力胶，但同时，也让他们和真正能够满足他们的依恋需求、帮助他们成熟的联系人之间，产生了隔阂。

很多人都经历过家庭联系的混乱状态，比如和我们在一起的时候，儿子和女儿（甚至我们的配偶）会伸手拿手机，匆忙地吃完饭，就跑去发短信、发邮件或者登录社交软件。以前，孩子还不怎么和同伴联系的时候，我们还能经常去学校或者幼儿园接孩子回家，我们还能有机会让他们重新回到我们身边，重新建立起有助于教养的依恋关系。但是现在，数字技术让孩子的生活中充满了同伴，父母和孩子面对面坐着，都已经不能满足孩子的联系需求了。

我们面临着前所未有的挑战，那就是抓紧孩子。如果我们能抓紧他们，我们就能让他们免受数字革命所带来的消极影响。我们必须给孩子成熟的机会，这样他们未来才能成为这些数字设备的主人，而不是奴隶。

武志红主编
可以让你变得更好的心理学书

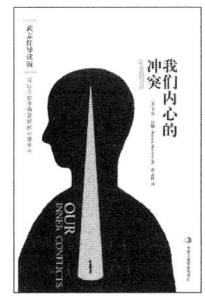

《我们内心的冲突》
[美]卡伦·霍妮 著
每个人都有内心冲突，但什么样的冲突会导致心理疾病呢？这些冲突是如何形成的，怎样才能从这些冲突中突围呢？本书是世界著名心理学家和精神病学家卡伦·霍妮的代表作，导读则是在中国享有盛誉的资深心理咨询师、畅销书作家武志红。

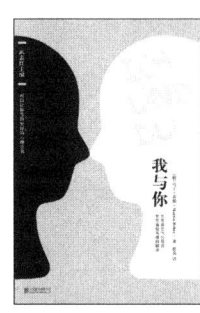

《我与你》
[德]马丁·布伯 著
《我与你》是二十世纪最伟大的哲学家之一的马丁·布伯的代表性作品；武志红老师主编和精彩导读。武志红说："一直以来，对我影响最重要的一本书，是马丁·布伯的《我与你》。"

《恐惧给你的礼物》
[美]加文·德·贝克尔 著
一本心理学奇书。用惊心动魄的故事，凝视人性的深渊。教你依靠直觉，瞬间看透人心。这本书是每个人必备的生存手册，是加文·德·贝克尔亲身经历和丰富经验的真实总结。它史无前例提出的危险预测法，在关键时刻可以救你的命。武志红老师主编和精彩导读。

《自卑与超越》
[奥]阿尔弗雷德·阿德勒 著
《自卑与超越》是个体心理学的先驱——阿尔弗雷德·阿德勒的代表作品，是人类个体心理学经典著作。
武志红老师主编和精彩导读。

武志红主编
可以让你变得更好的心理学书

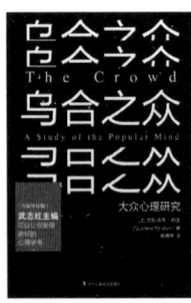

《乌合之众》
[法]古斯塔夫·勒庞 著

《乌合之众》是群体心理学的巅峰之作；弗洛伊德、荣格、托克维尔等心理学大师，和罗斯福、丘吉尔、戴高乐等政治家都深受该书影响。
武志红老师主编和精彩导读。

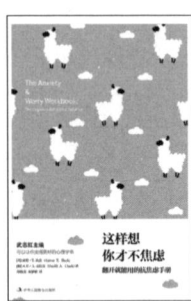

《这样想，你才不焦虑》
[美]亚伦·T.贝克 [加]大卫·A.克拉克 著

认知心理疗法的权威作品，让人们远离焦虑困扰。
武志红老师主编和精彩导读。

《心灵地图》
[美]托马斯·摩尔 著

这是一本影响深远的书，将告诉我们如何在阴影中行走，它补全了我们失落的一角。

《少女杜拉的故事》
[奥]西格蒙德·弗洛伊德 著

《少女杜拉的故事》是弗洛伊德将精神分析和释梦理论运用于实践的经典案例。读这本书不仅可以领略到精神分析强大、诱人的魅力，还可以从中寻找到走出原生家庭，获得治愈的路。

武志红主编
可以让你变得更好的心理学书

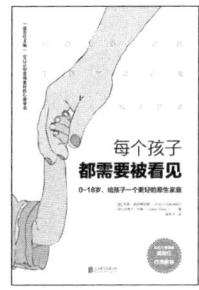

《每个孩子都需要被看见》
[加]戈登·诺伊费尔德 [加]加博尔·马泰 著

本书从父母与孩子的依恋关系入手,深入剖析不健康原生家庭是如何伤害孩子的,并提出原生依恋关系的6种建立方式。知名心理学家武志红主编并作序推荐。

《晚年优雅》
[美]托马斯·摩尔 著

心智不经磨难,就不会成熟;灵魂不经淬炼,就不会呈现。而《晚年优雅》这本书,让我们看到了变老的另一种模式——接纳变老的事实,让灵魂经受淬炼。
畅销书《心灵地图》作者托马斯·摩尔的又一部力作!武志红老师主编和精彩导读。

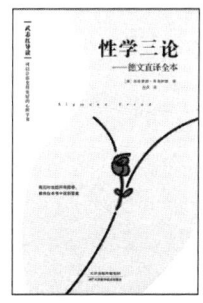

《性学三论》
[奥]西格蒙德·弗洛伊德 著

我们对性的所有困惑,都将在本书中找到答案。
《性学三论》是人类性学领域的奠基之作,可以让人从本质上了解"性",而这些本质的了解,不仅能帮我们正视自己的性,更能帮我们懂得别人的性,从而将性衍生为生命的动力。

《20堂心理减压课》
[美]玛莎·戴维斯 伊丽莎白·埃谢尔曼 马修·麦凯 著

本书扎根于心理学的研究和临床实践,提供了20种非常有效的减压方法。这些方法简单、实用、权威,无论你承受着怎样的压力,也无论你的性别、年龄、偏好和习惯,你都能从中找到一种或多种适合的方法,帮助自己在压力下穿行,游刃有余。

武志红主编
可以让你变得更好的心理学书

《深度看见》
[美]米尔顿·艾瑞克森 史德奈·罗森 著

作为现代催眠之父,这本书以纪实的方式,记录了艾瑞克森进行催眠的完整过程,不仅包含众多真实案例,更有他对于催眠及潜意识所总结出的珍贵经验,是了解催眠和潜意识领域的必读书目。